從世界工廠到世界工程師

新角色下中國的「一帶一路」倡議

李浩然　袁曉航

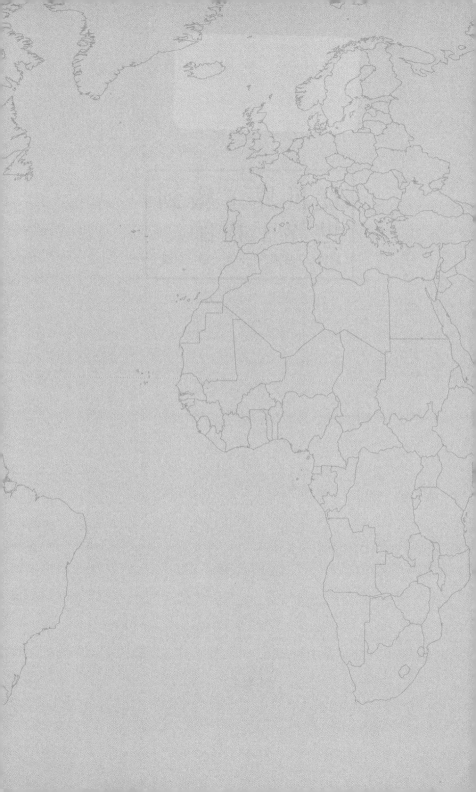

序

從歷史走到今天，再航向未來

歷史上絲路旅途的挑戰

中國在新時代提出「一帶一路」倡議，描繪了一個「政策溝通、設施聯通、貿易暢通、資金融通、民心相通」的宏偉藍圖。然而，中華主體文化跟「一帶一路」沿線國家，尤其是與陸上絲綢之路經濟帶沿線國家的文化壁壘，則可能成為這一藍圖最終實現需要解決的一個重大挑戰。

歷史上來說，通過陸路向西的「絲綢之路」，一直以來都是中國人引以為傲的一項經貿、文化交流成果。但細細看來，歷史上的這一成果或許並不牢靠，更進一步的，歷史上的這一成果於之今日「一帶一路」倡議的實現，可能也並無太多助益。

實際上，中國對於陸上絲綢之路沿線國家的文化影響是非常有限的。以唐朝為例，唐代應該是絲路最為繁盛、也是中國對西域影響最大的時期。當時唐朝在碎葉城，也就是目前吉爾吉斯斯坦境內，設置了安西都護府，實現了對於中亞部分地區的控制。可是中國對西域的有限控制並沒有持續太久。之後唐朝在跟阿拉伯阿巴斯王朝的怛羅斯之戰中戰敗，同時國內又爆發了「安史之亂」，國力迅速衰落，自此中國基本上退出了西域。中國對於西域，也就是陸上絲路中的中亞地區的實際控制也隨之宣告結束。

到元朝時，雖然元朝是一個橫跨亞洲、歐洲和非洲的大帝國，統治了遼闊的區域，但是這並不意味著中國對整個區域有很大的實際控制力或者文化影響。元朝以蒙古文化為主體，而非傳統的漢文化，所以傳統意義上的中國文化並沒有在這些區域得到傳播和認可。甚至，中國人在中亞地

區被劃為「契丹」，這顯然不是傳統的中華文化在這一地區進行傳播的結果。

將目光從歷史轉到現實中來，目前中亞地區以俄羅斯和土耳其影響力較大。具體來說，俄羅斯由於其在中亞地區的長期存在，擁有較為廣泛的實際影響力。而土耳其則在文化、民族上跟中亞各國同宗同源，因而在文化的軟影響力方面，土耳其有著先天優勢。

相對於陸上絲路，我們對海上絲路途經的國家和地區比較熟悉。早在宋代，已有華人移居東南亞，明初鄭和下西洋揚威異域，足跡遠及西亞及東非。明清兩代，大量華人移居海外，不少落地生根。在十八及十九世紀，不少海外華僑從事商貿，足跡遍及東南亞、南亞各地。到今天，華裔商人在東南亞仍操商貿牛耳，是中國發展一路不可或缺的幫手。但中東、西亞方面我們認識較少，這方面需積極拓展，也許東南亞的華裔商人可助一臂之力。

我希望通過浩然和曉航這本視角廣闊的書籍，能夠為大家提供一個更加生動和深入的角度去瞭解「一帶一路」倡議。不僅能夠瞭解倡議給世界、中國和香港帶來的改變和機遇，也能夠充分意識到沿線各國的基本情況，以及在文化、經貿制度、法律制度等等方面的差別。

丁新豹博士

前香港歷史博物館總館長，現為香港中文大學歷史系客席教授及名譽高級研究員，香港大學及香港教育學院名譽院士。

以腳步丈量、用心靈感悟今天的真實世界

「一帶一路」倡議是一個國家牽頭去鋪排其理想化國際秩序經貿合作格局的嘗試。而在這個過程中，我們如果希望能夠從中找到合適定位並尋覓發展機會的話，就必須對「一帶一路」沿線的國家有直觀、切身及深入的瞭解。而最有效增進瞭解，則莫過於親身踏足別國的土地。

一般來說，香港人對於中國以外的國家，瞭解基本上是停留在書本層面上，對他國的歷史、宗教、地理、社會情況等方面的瞭解並不太落地。讀萬卷書不如行萬里路，只有親身去這些地方遊歷，才會對該段歷史及其對社會民生的影響產生深切的體會。

自己其中一次最深刻的旅遊經歷，是大約十年前到訪前南斯拉夫一帶。到達波斯尼亞塞拉熱窩時，正值風雪交加。攀上山坡來到1982年南斯拉夫冬季奧運會的主會場，然而除了運動場館及高懸的五星環標誌，更會望到白雪掩映下一望無際的墳墓。原來在波黑戰爭期間，塞爾維亞軍隊封鎖了這一區域，波斯尼亞人無法逃離，死傷無數。由於太多人需要安葬，墓地「供不應求」，惟有把當時一些運動場館拆除變成墳墓。親眼目睹了這樣悲涼的景象，任何人於戰爭的殘酷以及戰爭如何影響當地人有了更直接而深刻的認識。倘若不瞭解這場戰爭，不瞭解當地人民在這場戰爭中遭受了甚麼困苦，是難以理解這一區域的社會局勢，更遑論同當地人展開深入交往。

一直以來，香港自稱「亞洲國際都會」，其實仔細想想，港人旅行或者交往較頻密的國家數量並不多，來來往往也

就是美國、歐洲、日本、澳洲等國家。港人很少走出自己的舒適地帶去探索和瞭解我們之前沒聽說過或者瞭解很少的國家和地區。在全球化時代，大國強國自然是我們需要深入瞭解的對象，但是香港如果還希望繼續保持國際大都會的地位，就需要對全球格局有所掌握，並對更多國家有認識，尤其是瞭解及關注不同國家之間的文化、政治、經濟情況。而這種瞭解和關注，需要鑽入歷史及文化層次，並不可以只是靜態從書本或互聯網獲取，因為國與國之間會有諸多在資料中無法體現的區別。舉個例子：高加索地區的三個小國——阿塞拜疆、格魯吉亞、阿美尼亞——地域上接連一起，由一國去另一國，也只需三、四個小時的車程，而且三國所經歷的歷史有很多相同之處，但這些國家卻有各自不同的宗教，也呈現三個不同的感覺：民族性格、對宗教的忠誠度、對戰爭的厭倦程度均有所不同，這些細節上的區別是無法從書本上獲取到的，必須經由親身的經歷才能感受到這其中的差別。浩然和曉航這本書，大概能成為大家在這方面的起步點。

世界廣闊，非親歷不可得真知；「一帶一路」的沿線國家幾乎涵蓋了這個世界上所有的宗教和文化類型。想要瞭解、認識他們並與之展開交往，就必須用腳步去丈量，用心靈去感悟，去真正的感受這個有血有肉的、真實的、活著的世界。

陳智遠

文化旅行家，文化企業「活現香港」共同創辦人，從小喜歡流浪天下。

從三個方面的開放看未來中國

共建絲綢之路經濟帶和二十一世紀海上絲綢之路（以下簡稱「一帶一路」），是習近平主席於2013年9月和10月分別在哈薩克斯坦和印度尼西亞提出有關倡議，2014年有關部門著手編制規劃，2015年三部委聯合發佈願景與行動白皮書。可以預見2020年，「一帶一路」將構建貫穿亞歐非大陸的全方位合作平台。

事實上，三十多年前，鄧小平就提出了三個方面開放的重要思想。他說：「對外開放，我們還有一些人沒有弄清楚，以為只是對西方開放，其實我們是三個方面的開放。」從擴大對西方發達國家的開放，到擴大對廣大發展中國家的開放，「一帶一路」標誌著中國正在構建更高層次的開放型經濟，深度融入世界經濟，形成全方位開放新格局。

如何解讀「一帶一路」，尤其是如何對香港讀者介紹「一帶一路」，是一件有重要研究價值和現實意義的工作。李浩然先生的這部著作《從世界工廠到世界工程師》，多視角地解讀了「一帶一路」，在書中提出「一帶一路」的重要之處，在於構建一個更加多元化的國際文明，這是代表著未來。

在書中，他還提出了許多富有獨立思考和創新性的觀點。如「一帶一路」充滿著中國人開放、包容和彈性的東方智慧，這不同於過去例如自由貿易協議等的具體法律政策，而更像一套促進各國關係的「組合拳」，將對未來的國際格局帶來深遠影響。

香港如何落棋，是最值得深入探討的議題之一。「一帶一路」既可以在與沿線經濟體的合作過程中，進一步提升香港高增值、國際化、規範化的國際金融中心、國際航運中心、國際貿易中心的優勢；又可以與內地企業一道合作，構建能夠跨越亞歐非大陸市場的商流、物流、資金流、信息流、人才流等供應鏈網絡；還可以加強與全球跨國公司全方位合作，培育香港和內地的綜合國際競爭新優勢。

風險和機遇同在。風險越高，往往國際競爭最薄弱，香港和內地中小企業則越有機會進入並完成從小到大、由弱到強、從遊擊隊到正規軍的脫胎換骨的轉型。如何對沖經濟和非經濟風險，就成為香港和內地企業必須以創新思維合作共同面對並化解的必修課。跟隨國家自由貿易區戰略走，跟隨「一帶一路」早期收穫項目走，跟隨亞投行、絲路基金投資動向走，發揮香港、內地企業合作的綜合優勢，共同開闢亞歐非大陸市場的新疆域，不失為一項合理化建議。

因此，我們期待李浩然先生的這部大作，對促進香港、內地企業合作，共同把握「一帶一路」新機遇，推動香港、內地經濟轉型，做出應有的貢獻。

張燕生
國家發展和改革委員會學術委員會秘書長，曾擔任國家發改委對外經濟研究所所長、研究員。

目錄

五、融　香港，如何落棋？

沿線國家簡介

「一帶一路」形勢分佈圖

後記

一／道

人類文明和社會經濟格局的
發展趨勢

如果討論「一帶一路」倡議時只聚焦在經濟，這便是完全忽略了這件事情對於未來世界的意義。

今天我們身處的社會，源於歐洲工業革命以來的世界格局。以西歐文明為主導的國家，首先步入發達經濟和先進文化，並隨著西班牙、葡萄牙、英國和美國的先後強大，而構建了今天的國際秩序，以西方文明為核心和進步的象徵，其他地方向著這套文化學習和仿效。

「一帶一路」的重要之處，在於除了這個已有的世界之外，提出構建一個更加多元化的國際文明，這是代表著未來。可以說，「一帶一路」倡議既有新的，也有舊的一面。新，在於提出從根本改變現有的單極文明世界，讓在現有國際秩序中處於被忽略和劣勢的民族、社會、地區和國家有機會登上國際舞台。舊，是因為在歷史上，這些地區也曾經有過非常光輝的文明，甚至是當時的世界中心；古絲綢之路其實就是當時繁榮盛世的結果和象徵，「一帶一路」就是復興舊有的文明。

任何人與人的交流，經貿往還都是最原始的推動力；古絲綢之路如是，西歐的海洋文明也如是。「一帶一路」沿線地區的基礎落後，所以如果要恢復和實現亞歐非大陸的人文交往，便需要從經貿交流開始。可是這些地方實在連前往當地也存在困難，所以便要先通路搭橋，做好基建，做到互聯互通，讓人們能夠有交往和經貿的可能性。

所以「一帶一路」只是手段，先追求共同繁榮和共富，最終目的是整片亞歐非大陸的人文交往，從而構建人類的多元世界文明。而其中改變今天的既有國際秩序，則是一件副產品。

「一帶一路」倡議的經濟關係固然重要，但整項倡議的含義其實要遠遠深層和寬闊得多。「一帶一路」充滿著中國人開放、包容和彈性的東方智慧，這不同於過去例如自由貿易協定等的具體法律政策，更像一套促進各國關係的「組合拳」，當中除包含自由貿易，還有人員流動、文化交流、基礎建設、協同發展和互聯互通等等，將對未來的國際格局帶來深遠影響。

在這套組合拳中，簡單總結起來有四個層面：第一，協調各國發展策略對接，做到政策協同，使所有參與國家之間的發展事半功倍。例如蒙古國所提出的「草原之路」發展項目，以及哈薩克斯坦的「光明大道」計劃，都能夠很好地和「一帶一路」的內容結合起來。

第二，是涵蓋著文化、民間、社會團體、人文等多層次的交流融合，讓大家增進瞭解、建立友誼。在習近平主席2015年訪問英國時揭幕並廣受關注的英國孔子學院，便是出於這個目的而成立的。

第三，是具體的基建項目，例如興建高鐵、公路網、天然資源輸送管道等，並同時設立了絲路基金、亞洲基礎設施投資銀行、金磚國家開發銀行等平台作為支撐。這一項是「一帶一路」的核心載體。

第四，是整個倡議的最終目標，即達至各國和人民的商貿往還、相互投資和共同繁榮。又因為「一帶一路」中的不少國家仍然是發展中國家，所以「一帶一路」的發展，對當中所包含龐大人口的脫貧問題有著重要意義；而中國在過去三十年改革開放的成功，讓七億人口脫貧的經驗，具有十分積極的分享價值。

「一帶一路」所倡議的內容很豐富，結合了多位學者的長期主張。按照中國外交部亞非協會理事曹辛的說法，其中便包括了國際關係學家王緝思教授的「西進」建議、經濟學家吳敬璉教授主張的對外投資、林毅夫教授的利用外匯進行投資，以至新加坡華人學者鄭永年教授主張的向海外發展中地區進行資本輸出等等想法。由此可見，「一帶一路」既是內涵眾多的組合拳，更可以看到學者對中國決策層的巨大影響力和政府對研究的高度重視。

「一帶一路」的構想，最早可能源於王緝思在2012年提出的「西進」戰略構想。他認為中國在東面跟美、日維持「競爭」的同時，更應大力「西進」，進入中國外交傳統上的非重點區域。這種思想，實際上體現出他對陸權與海權並行不悖的觀點，也為日後完善「一帶一路」倡議提供了原始土壤。

在結合具體經濟和投資活動上，吳敬璉的主張在這裡結合起來了。他認為只通過投資拉動國內增長，已經幾乎沒有出路。只有向國外投資，才能避免產能過剩、資源浪費、房價高企、地方債務等困擾當前中國的經濟問題，同時增加外匯儲備。

同時，林毅夫和鄭永年兩位學者認為應該將中亞等發展中地區，培育成中國潛在的資本輸出市場。也是在2012年，林毅夫就曾向中央建言，中國可以汲取美國的經驗，進行資本輸出和購買資源，以自己雄厚的外匯儲備，收購外國資源、投資國外基礎設施。至於鄭永年也認為，中國在通過向中亞地區投資，促進當地經濟發展和培育當地成為新興市場之後，將能促進中國產品的銷售，也可以吸引那些

國家向中國借貸。同時，這片幅員遼闊的發展中地區的人口結構非常年輕，發展潛力因而非常巨大。

一切緣起於學術討論，再由被譽為習近平首席財經智囊的中央財經領導小組辦公室劉鶴主任集大成，最後成為「一帶一路」倡議。

對於「絲綢之路經濟帶」，其作用是聯通中國西部和亞歐大陸，以促進西部和這些地區的共同發展。

眾所周知，唐朝是絲綢之路貿易最鼎盛的時期，作為絲綢之路的起點，位處中國西部的唐朝首都長安，是當時世界上最具規模的城市。其主要原因，源於當時整個社會和發展中心，由中國西部開始，形成一個橫跨亞歐的「大陸文明」。當時中國西部和中原地區的發展程度遠高於東南沿海，文化和政治等中心均集中在這些發達地區。

後來，「大陸文明」隨著「海洋文明」的冒起而衰落，近代西方航海事業和國際航運的發展，促使大量交往通過海路進行。海路逐漸取代陸路，成為人類國際交往和貿易活動的最主要通道。當代中國逐漸融入既有的世界體系，「海洋文明」也主導著中國近代的發展，形成東部沿海地區的發達局面。

要讓西部發展，只依靠內部聯通並不足夠，同時推動大陸文明的復興是必不可少的。今天「一帶一路」要達到的，是促進中國西部整個亞歐大陸的發展，重新激發起整個地區的經貿和人文活動，這對西部大開發的意義不言而喻。如此，幅員遼闊的亞歐大陸國家勢必發展起來，相輔相成，從而促進中國西部的發展。沒有「大陸文明」的基礎，中國西部的發展也不會牢固。同時，恢復大陸文明對於整個中華文明的復興也是意義重大。這樣中國便能夠從一個相對還是被動的海洋文明，變成兼具東部海洋和西部大陸文明的體系。

所以說「一帶一路」並不是一個單純的經濟計劃，更加是促進文明復興的宏大想法。中華民族起源於黃河河套地

區，至秦朝和唐朝因為地處西邊，自然把重心移至西部，這也解釋了為什麼古長安城能夠成為多朝古都。及至明清，已將都城從西安移至地處東邊的北京或南京。

東部之所以會逐步取代西部成為中國的發展重心，原因有很多。其中包括隨著全球海洋文明的崛起，中國也受到了影響。中國東部經歷的戰爭比較少，能夠享受到相對和平的環境，以致經濟發達和社會穩定。這一點在當代也能找到例子說明，例如上世紀八十年代的香港流行文化和今天的「韓流」等次文化，都是香港和韓國相對平穩的社會環境和富裕的經濟條件所促成的。文明重心的轉移，充分體現出物質條件，包括科技水平和活動空間等，對於文明興起的促進作用。

所以在看待「一帶一路」時，如果只看到經貿而忽略背後所帶來的地緣和文明格局的變化，便沒法完整明白「一帶一路」的意義和影響；這也解釋了為什麼倡議當中除了經貿發展，更經常強調文化交流和人文交往的重要性。

「一帶一路」是中國新一輪改革開放的其中一個重要標誌。在這一輪進程當中，中國將會實施更加主動的對外開放戰略，並建設一個全方位開放型的經濟體系。

中央政府經常稱二十一世紀的頭二十年是中國的「戰略機遇期」，那麼什麼是「戰略機遇期」呢？這就是說對於中國全國的發展來說，一個從過去的量變（經濟體量增大），到實現質變（生產能力、經濟結構等因素發生變化）的過程，最後變成一個強大而健康的成熟經濟體。就有點像人類踏入青春期，從少兒過渡到成人的階段一樣，非常關鍵。

「十三五規劃」就是在這樣的經濟背景下提出的。「戰略機遇期」有二十年，而現在已經進入到最後的五年。在完成「十三五規劃」（2016-2020年第十三個五年經濟規劃）時，中國的目標便是要成為一個「小康社會」之國。因此，全面實現小康社會，不但是目標，更是衡量「十三五規劃」和「戰略機遇期」發展是否成功的標準。

正因如此，在剛結束的中共十八屆五中全會關於「十三五規劃」的建議文件當中，便提出了創新、協調、綠色、開放和共享五個發展理念，作為全面建設小康社會的行動綱領；而各項理念，均有配套的政策措施。例如「一帶一路」倡議，便是對應中國更加主動的對外開放戰略，使中國建設成為一個全方位開放型的經濟體系。

這背後所追求的，更是一種全面和平衡的發展理念。

「一帶一路」倡議反映著中國與西方對發展模式截然不同的思路。這除了對發展手段和路徑有重大影響之外,對如何構建,以及構建什麼樣的國際秩序,也將帶來深刻影響。

美國著名政治學者福山(Francis Fukuyama)教授的一篇題目為《絲綢之路,中國向世界發出新的公開收購》的文章指出,隨著「一帶一路」倡議在2016年進一步實施,一場歷史性競賽將在兩種相互競爭的發展模式之間展開。一方是中國,另一方則是美國和其他西方國家。而競賽的結果,將決定歐亞地區未來數十年的前途。福山認為中國的發展模式不同於西方國家,更多是建基於國家對基礎設施(鐵路、公路、港口、電子機場網絡等等)的大規模投資,進而為工業發展提供便利條件。中國通過基礎設施發展的戰略而取得成功的經驗,已經為一些東亞國家所跟從,成為這些國家發展策略的重要組成部分。如果「一帶一路」倡議能夠取得成功,那麼日後整個歐亞大陸將在今後一代人的時間裡得到改變。中國模式將在中國之外得到廣泛認同,也為中國尋覓得更廣闊的市場。中亞將不再是全球經濟的邊緣地帶,而是未來世界的中心。

任何一個世界性大國,都有一套屬於自己的國際體系。所以這實際上又是中美兩國全球化模式的博弈:美國站於現在,基於現有國際規則,強化現有國際格局的參與者。至於中國則面向未來,提出另一套國際規則,增加了很多個在現有國際格局下被邊緣化的參與者。誠如福山提出的風險問題,中國基礎設施的建設,以及隨之而來的經濟發展,需要穩定的政治環境。這種模式在中國國內運作良好,受益於中國政府有能力控制政治環境;可是國外的情

況可能不盡相同。整片地區的不穩定、衝突和腐敗問題，都可能會干擾其進展情況。另外，美國和西方國家也不大可能袖手旁觀，讓歐亞大陸和世界其他部分地區的前途跟隨中國的發展模式。

中國和西方提出兩種不同的模式，跟各自的歷史和文化淵源有深刻關係。「一帶一路」倡議是中國邁向全球化的初始階段，也是中國首次把自己的發展理念實踐到國際關係當中。

	中國模式	美國模式
背景	源於歷史上的大陸文明，例如「古絲綢之路」的黃金時代。	西方文藝復興背景下的海洋文明
方法	以國家投資基礎建設，拉動工業化。	投資自由化，以「華爾街模式」和「美元本位」為代表。
主要缺陷	政治風險	「南北困境」：發達國家與欠發達國家的差距。
意識形態	不強調。建基於十八屆五中全會五個發展理念當中的協調、開放和共用。	肩負西方文化有帶領其他落後地區進步的責任，源於基督教文化的傳播精神。
現階段發展重點	強調基礎建設，「互聯互通」。	各國的生產鏈融合
手段	重視貧窮落後國家，複製自身脱貧經驗，提倡「一帶一路」。	鞏固現有國際格局，例如TPP（跨太平洋夥伴關係）。

中國「一帶一路」：
西向推廣自身脫貧經
驗的發展模式

美國TPP：強化環狀太平洋發達經濟體的聯繫

二／法

「一帶一路」的戰略構想

「一帶一路」提及的六十多國，很多人可能只會聯想到這個地區的人口佔了全球的63%，可是這對中國的具體意義又在哪裡呢？

從貿易和經濟增長的潛力來看，根據商務部每月發佈跟「一帶一路」沿線國家的貿易和投資數據，增長率幾乎都處在兩位數字，甚至有些經濟體達到90%的貿易增長量。對中國來說，在當下到未來的十年中，亞太經合組織（APEC）國家是中國最重要的貿易夥伴，因為現在APEC匯集了中國60%的對外貿易、70%的對外投資，以及80%的引進外來投資。但按照現時的發展趨勢看來，在二十年之後，中國最關鍵的對外貿易平台，大概就會切換到「一帶一路」的沿線國家上。跟這些國家的關係，將決定中國未來的增長潛力和增長量。

依循整個發展趨勢，從未來五到十年開始，不少中國的製造業可能會轉到「一帶一路」沿線國家生產，當然也會轉到全球其他地區。因為世界的製造業中心不可能永遠停留在一個地方，而是隨著不同國家的發展水平和生產要素的成本而改變。事實上，在「十二五」期間，製造業對中國GDP的貢獻，已經下降了5%，從差不多48%下降至42%。同時，服務業則從大約40%上升到50%。

中國現在的政策目標是很明確的，通過加強與「一帶一路」沿線國家的關係，創造更多良好的外在經貿和投資環境，形成經濟結構之間的互補關係。因此「一帶一路」的其中一個重點，就是要與不同經濟體雙互貿易、雙互投資，並且構建區域產業鏈和區域生產網絡，從而讓中國和各國的企業、技術和資本能夠有更大的發揮空間。

中國與外國共建境外經濟貿易合作區，是落實「一帶一路」經貿合作的其中一項重要內容。位於巴基斯坦旁遮普省省會拉合爾、在2006年正式掛牌的海爾－魯巴經濟區，是中國首個在境外的經濟貿易合作區。現在中國共在五十多個國家有大約120個經貿合作區，在「一帶一路」沿線上有77個經濟開發區。

隨著中國企業的「走出去」步向全球，光是2015年上半年，「走出去」的增長率已接近30%，其中「一帶一路」沿線增長22%。從海爾－魯巴經濟區掛牌的那一年開始，中國對外直接投資的增速，平均在23%左右。到了2015年，中國正式進入資本淨輸出的階段。其中除了投資在已發展經濟體之外，發展中國家和新興市場更是重點。可是面對這些地方的法律和體制落後、基礎設施不足的問題，因而形成投資風險增加，要有效確保投資安全和回報，發展經濟開發區成為了一個很好的選項。

回想起上世紀七十年代末期，內地在一窮二白的情況下，以獨有的經濟特區開放方式，有效地克服了今天發展中國家同樣面對的困難，令經濟急速發展。所以，中國與發展中國家共同開發經貿合作區，可以說是把改革開放的經驗，嘗試複製到「一帶一路」的經濟版圖上，也是對過去35年經濟起飛的一項總結和經驗分享。這或許也預示著，「一帶一路」標誌著又一個35年經濟急速發展階段的機會。

這機會將發生在「一帶一路」六個走廊和34個海上絲綢之路經濟點上，與其他國家共建開發區，幫助企業建立產供銷平台、內外貿、金融和物流服務企業，讓外貿和實體企業能夠協同發展。

在討論「一帶一路」的覆蓋範圍時，一般會把「二十一世紀海上絲綢之路」的路線，劃定在從福建出發，通過東南亞，然後一直向西到達印度洋、北非和歐洲；卻甚少會關注從中國沿海港口經過南海，然後前往南太平洋的路線。

包含這條路線的「一帶一路」範圍地圖，首次在中央電視台2015年4月的系列報道《一帶一路　共建繁榮》節目中公佈，把從南海到南太平洋一線明確標註出來。事實上，基於「一帶一路」倡議的開放性，坊間出現了很多版本的路線圖。

作為南太平洋最主要經濟體的澳洲，跟中國的經貿關係早已非常密切。中國是澳洲的第一大貿易夥伴，兩國的自由貿易協定在2015年底正式生效。中國跟澳洲，還有同期達成協議的韓國建立自貿區，其意義在於這兩國的經濟體量比中國其他自由貿易夥伴要大得多，而且是世界上的主要經濟體，在國際貿易活動有深度參與，並已跟不同的國家建立了各類型的自由貿易和經濟合作聯繫。

跟兩國的自由貿易協定，一方面能夠作為中國以後開展跟其他發達經濟體進行自貿談判的參考和樣板。這兩個自由協定除了傳統的貨物和服務貿易之外，還包括投資和規則，範圍廣泛，屬於高標準的自貿協定。另一方面，跟澳、韓的自貿經驗，將有助中國如何處理不同自貿協定的融合。尤其是現在亞太地區的自由貿易安排有出現碎片化的發展傾向，不但有美國主導的TPP（跨太平洋夥伴關係），也有由東盟倡議的RCEP（區域全面經濟夥伴關係協定）等等。

至2015年底，中國已經簽署14個自由貿易協定，其中已實

施的12個，涉及22個國家和地區。另外，還正在跟海灣合作委員會、挪威、斯里蘭卡和馬爾代夫等地商討建立自貿區。除此以外，中國－新加坡自貿區升級談判和中國－巴基斯坦自貿區第二階段談判也正在進行，這將最終連成一條從南太平洋到地中海的海上絲綢之路。

今天，中國正在從「世界工廠」向「世界工程師」的角色轉變。

過去三十多年，中國一直以輸出商品來推動經濟發展。隨著「一帶一路」倡議的推展，估計中國將擴大承擔對亞、歐、非沿線國家的基建工程，並通過輸出資金來促成發展。預計在未來三年，中國將為「一帶一路」建設投資十萬億元人民幣；未來25年，更將達到160萬億元。

內地過去通過「世界工廠」式的低端密集型勞動生產而受益，但是隨著人口紅利的降低、社會對公平的追求，以至政府對環境保護等方面提高政策要求，中國自身也在向「知識型經濟」的方向提昇經濟結構，以面對新一波全球化的挑戰；「世界工廠」的模式和稱號，已不再是中國在這新階段所追求的了。

然而，在這幾十年的發展當中，因著龐大的工程數量，中國已經積累了強大的基建能力。即使在發展相對濟後的貴州，由於其山區地理環境，在興建道路的過程當中便需要大量建橋樑通隧道，也因而形成當地的橋樑設計和建設能力能夠名列世界前茅。事實上，需要大型統籌和政府介入的事情，往往也是中國這種社會和經濟結構特別擅長的。今天，正因為整個國家的巨大規模，中國大概是世界上在各類型基建領域都擁有最完整產業能力的國家。

除了經常提及的高鐵、通信和港口基建等項目之外，以2015年習近平主席訪問英國時簽訂的核電站合作項目為例，中國不但出口技術和製造產品，還將參與投資營運。在這方面，中國已經自主擁有絕大部分的生產能力。現在除了電站核心的主泵系統，包括其中的材料、運轉速度、

洩漏控制和設計；以及後處理系統，例如如何處理核廢料等環節，仍然由法國所領先之外，中國的技術和能力，已經完成了完整的產業鏈；這甚至還包括專門運載設備的船舶交通等附屬能力。

中國正力推在外國建設中國的高鐵系統，並提出「絲路基金」等金融平台作為資金配套。

中國在這當中的考慮，既包括商業機會，也有建設經濟融合的戰略佈局。中國的構想，是南向東南亞國家，西經俄羅斯、白俄羅斯，連接至例如德國等歐洲國家。利用高鐵系統把這些地方跟中國連接起來，最終築成一個橫跨歐亞大陸的巨大交通運輸網絡。

任何地方要發展經濟，除了制度暢通之外，打通交通運輸是不二法門。這個巨大的歐亞大陸經濟融合，將會挑戰現在由美國主導的海洋經濟文明。

對於東南亞國家來說，如果真的要興建高鐵，只有採用中國的系統才有意義。因為高鐵速度高，如果只應用在面積比較細小的國土之內，自然無法發揮其效用。可是現在這些國家，也面臨美國和日本的壓力。如果這些國家興建高鐵連接中國，意味著跟中國經濟的基本和完全整合，這是日、美所不願看到的。所以可以預期，東南亞國家在興建高鐵的問題上，只有兩個可能性：一是採用中國的系統，另一則是礙於壓力暫不興建。因為採用日本的系統，對他們來說毫無意義。既無法讓高鐵「跑起來」達到興建效果，又從地理上不存在和日本融合的可能，更是自絕於歐亞經濟的融合。

只有關注高鐵的特點，才會明白其背後的意義。這是一個恢復大陸文明的紐帶，可能正在改寫近數百年的海洋文明生態。

習近平於2014年底訪問中亞四國和印尼時，分別提出建設「絲綢之路經濟帶」和「二十一世紀海上絲綢之路」。2015年，當他訪問德國時，參觀了「渝新歐」國際鐵路列車的杜伊斯堡終點站。這是一個重要的文明佈局，包含了安全和發展的考慮。

顧名思義，「渝新歐」國際鐵路即由重慶（渝）起步，途經新疆阿拉山口口岸（新），再經過中亞國家、東歐國家，最後抵達德國（歐）。這條全長一萬一千多公里的鐵路，是連結傳統絲綢之路地區國家的紐帶，並與中國的鐵路網絡結合起來。

之所以說這個項目包含了重要的安全考慮，主要是因為如果通過海路，無論是石油等資源，還是貨物運輸，都有可能被美國等強大的海上軍事強國所扼制。所以開拓所謂的第二生命線，將有助中國擺脫原來的被動局面。

至於發展的考慮，作用可能更加深遠，與復興文明的關係更是千絲萬縷。盛唐時期的長安城，是絲綢之路的真正起點。當時的長安城是世界第一的國際大都會，城市規模是今天西安的五倍以上。那個年代，西部內陸地區的發展遠比東部沿海地區發達得多。其中最重要的原因，就是當時的中國是一個以大陸文明為主體的國家，主要的經貿往還都是通過陸路運輸進行的，絲綢之路早已是非常成熟的經濟活動帶。之後隨著海上運輸能力的發展，海路成本比陸路交通低廉，加上中亞國家的沒落，中國的商務活動遂逐漸向東轉移，變成更加傾向為海洋文明的國家。

讓世界讀懂中國：搭建軟實力平台

2015年11月，北京舉行了第二屆「讀懂中國」國際會議，由中國國家創新與發展戰略研究會、中國人民外交學會、二十一世紀理事會和北京市人民政府合辦。

會議的名字讓人感覺很奇怪。可是事實上，近年中國在國際上的形象並非十分理想，很多即使是善意的政策，往往容易被扭曲和妖魔化。這當然有國際政治角力的因素，但是中國人的表述方式也確實有進步的空間。尤其是中國現在已經是世界第二大經濟體，任何政策都必定會對世界造成影響。所以中國近年著力把「讓世界讀懂中國」提高到戰略高度，也是合理之舉。這一方面是構建中國軟實力的平台，也可以增強透明度，讓世界及時瞭解中國的政策。另一方面，也有助中國和世界溝通，避免重大誤判，也可以在過程當中進行政策的自我磨合和調整。

可是這並不容易，中國和以西方話語為主體的國際社會，仍然處於兩個完全不同的話語體系，溝通過程當中難免出現「雞同鴨講」的情況。而這種困局，其實也並非中國獨自面對。隨著西方話語已經逐漸演變成為文化「正統」，西方文化當中的理想形態，也逐漸被賦予了道德高地的位置，任何其他文化的「他者」很容易會被打成「異端」。

很多非西方的文化國家都在努力構建自己的話語體系，特別是在去殖民化的歷史進程當中，可是為了要能夠在世界廣泛傳播，又自覺或不自覺地接受了西方話語體系的表述，最後甚至被融化，失去了原來的意思。

話語本身代表著文化和意識形態，失去了話語權便沒有辦法樹立自己的文化體系。讓世界讀懂中國，在中國逐步參與世界和推進「一帶一路」的過程中顯得尤為重要。

可能是出於制衡中國的原因，當亞投行在新加坡舉行談判會議之際，日本宣佈投放1,100億美元給由其主導的亞洲開發銀行。

亞投行和亞開行作為基礎建設銀行的性質相似，日本希望透過強化亞開行來抵制中國和亞投行的想法，是順理成章的，可是卻忽略了亞投行只是中國和亞歐經濟融合的一個環節。即是說，背後還有中國可以提供，但日本卻沒有辦法給予的「一帶一路」貿易融合和人民幣國際化的戰略佈局。各國積極參與亞投行，並不只考慮到基建資金。

在貿易融合方面，中國要打造的是一個橫跨歐亞的經濟共同體。例如興建高鐵，使用中國的系統能夠使本國跟整個亞洲和歐洲聯繫起來。中國地處東亞中心，相反，日本則無法提供這地緣上的優勢。

在貨幣方面，亞投行的參與國家跟中國加深經貿關係，可能會建立雙方的貨幣直接交換體制，日後的經貿往還便無需要通過美元作為中介。這樣不但可以節省匯率成本，也在貨幣上多了一個選擇。在這方面，日元同樣不具備優勢。

事實上，亞開行的融資情況一直讓日本十分尷尬。亞開行向發展中國家發放基礎設施建設融資時，會通過投標決定承接工程的企業。在2013年的融資計劃當中，獲得訂單最多的是印度企業，達到23.7%；中國企業獲得的訂單比重也高達20%。日本是亞開行的最大出資國，但日本企業卻只獲得0.5%的訂單。所以加強對亞開行的投入，一直引發日本國內的爭論。亞投行背後所將牽動的經濟聯繫，才是真正的競爭焦點。

在參與海外項目時，中國企業目前的運作模式和經驗未必能夠很好地克服困難。中國的工業技術和興建能力很強，但是對於各國的社會和政治風險，甚至是面對當地居民反應的能力上，卻不是負責實體工程人員的專業。過去中國企業在國內，只需要把能力集中在生產事務上便已足夠，因為政府有能力掌控國內社會和政治的基本局面。可是當離開國境，外國的政治和社會因素便變成不能完全預控的範圍，風險大大增加。

其中一個比較經典的例子莫過於在緬甸投資的經驗。隨著緬甸推行新經濟政策，中國對當地的影響力便馬上受到衝擊。由於知識界的凋零，開放措施使緬甸政府對改革方案的需求甚大。緬甸對於未來應該如何進行發展，並沒有足夠的能力去自行制定政策。過去中國在緬甸投資，主要集中在資金、人力和技術等傳統生產因素。可是面對新形勢，緬甸今天更需要的是知識。例如對於水資源的使用，當地便急需制定相關的效益和環保等標準。在這方面，日本的回應最為積極。日本政府支持在當地設立大量非政府機構和智庫，無償為緬甸政府的發展提供方案。此外，當地電力和農業等的標準，日本也有很深的參與。這些方面，中國過去沒有系統地提供過。所以現在的緬甸，對於日本協助的需求，可能已遠遠大於中國。事實上國際政經的爭奪，軟實力的作用已經越來越大。例如美國對外國訪問的代表團成員中，除了傳統的政府人員和企業高層之外，還有大量各類型的智庫成員。智庫能夠為當地進行規劃和制定各類標準，欠發達地區對於知識服務的需求是很龐大的。

除了提供知識服務之外，日本綜合商社的結構也很有參考

意義。以高鐵項目為例，中國和日本是很激烈的競爭對手。日本六大商社不但擁有很強的重工企業，有能力興建很好的高鐵工程，同時還有商社的其他成員負責處理工程以外的商業、社會和政治問題，形成很好的協同，發揮國際營運上的資金、資訊、組織和人才綜合實力配搭。

跨國競爭並不只是單純的商業交易，也涉及協助客戶成長、掃平障礙和建立人脈網絡等事務。有能力為項目締造良好的外在環境，跟實質生產是同樣重要的。在這方面，或者應該考慮如何更大地發揮海外華人和香港長期對外聯繫的資源。

為了推動「一帶一路」，中國構建了很多資源平台，比較為人熟悉的有亞投行。除此之外，還有例如總部設在香港的「南南合作金融中心」等機構。該中心是在聯合國可持續發展議程框架下成立的非盈利國際組織，旨在以產業項目為載體，為發展中國家之間的合作提供整體可落實方案。

中國對於南南合作的理念，主要建基於援助、合作，以及培育當地產業；這與現行由發達國家主導的國際機構比較強調援助和更改受助國規則的做法有所差別。因此，南南合作金融中心的主要工作，包括了協助發展中國家，複製中國的經驗在當地建立工業園區、為園區引入適合的企業和生產線，以及為這些投資項目提供融資。

由此可見，有效總結中國經驗，然後把推動發展的理論和理念跟發展中國家分享，是南南合作以至「一帶一路」成功的關鍵。為此，國家主席習近平在2015年9月出席聯合國發展峰會時，也宣佈設立「國際發展知識中心」，以及在與聯合國秘書長潘基文共同主持南南合作圓桌會議時，宣佈設立「南南合作與發展學院」。中國設立兩個學術機構的目的，正是希望通過共同的研究和交流，找出適合各自國情的發展理論和發展實踐。

這些旨在促進南南合作的平台，將從實務和研究兩方面，為發展中國家的發展提供知識、經驗、技術和資金的綜合支持，使「一帶一路」的推展能夠更有方向感。

三 / 術

「一帶一路」的對內佈局

「一帶一路」是中國對發展亞歐非大陸關係的倡議，其中設計更是跟國內的發展佈局緊密相扣。

中國內部現在按地域、發展水平、分工專長和功能，被劃分為幾個區域，包括東北的「東北－蒙東經濟區」、以北京為中心結合周邊地區的「京津冀經濟區」、以上海為龍頭結合長江沿岸的「長江經濟帶」、以西南地區，包括四川、重慶、貴州、雲南和廣西，連繫東南亞國家的「北部灣經濟圈」。此外還要結合「一帶一路」的兩條路線：由中西部為起點向西北延伸，經過陝西、甘肅、寧夏、青海和新疆，接入中亞國家連通歐洲的「絲綢之路經濟帶」，以及由東南沿海發達地區，包括福建等地起步，通過海路往外走的「二十一世紀海上絲綢之路」。幾大經濟區域互相配合，構成中國的整個發展藍圖。同時，「一帶一路」更是內外結合的通道。

中國各區域差距極大，區域格局的作用顯得尤為重要。根據國家新城鎮化規劃的劃分，全國二百多座城市，按照發展水平，被劃分為23個城市群，其中成熟城市群三個、中等城市群八個、新興城市群12個。另外再結合城市人口規模的維度來衡量，這些城市群當中比較大型的包括了珠三角、山東半島、中原、遼中南、成渝和關中等等。

上述經濟區域和城市群，作為全球參與、競爭和國際分工的全新地域單元，是兩個維度的結合。在全球化的帶動下，以國家作為單位的影響力日漸下降，新的地域概念將深刻影響全球發展的格局，也是未來世界最具活力和潛力的核心地區。中國幾大經濟區域和城市群各具特徵和競爭力，在「一帶一路」中發揮自身的作用。

全國各省區最近分別完成報告，計劃自身在「一帶一路」上可以發揮何種作用，以及有些什麼樣的政策需求。事實上，各地將會扮演不同的角色，也有著不同的稱呼。

例如新疆和福建是核心區，前者作為絲綢之路經濟帶的起步點，是從中國通往亞歐大陸的門戶；後者則是海上絲綢之路的起步點，沿著中國的東南沿海，經過東盟地區，越過印度洋，穿越西亞、北非地區，到達希臘。

重慶被稱為「戰略通道」，因為這座山城位處「一帶一路」和「長江經濟帶」兩大戰略地區的Y字形通道口，長江經濟帶從東到西到了重慶之後，向西北可以進入絲綢之路經濟帶，向西南則可以融入到海上絲綢之路。

此外，黑龍江被稱作「入海」，結合絲綢之路經濟帶。黑龍江的位置能夠把亞歐大陸橋最北的部分跟海參崴連通，然後經過日本海的航運，把中國東北和俄羅斯、蒙古的貨物，經過海運到達中國東部沿海省份，甚至是日本和朝鮮半島。這條通道建成之後，物流成本要比從東北通過陸路火車運輸到達華北和華南地區高效和便宜得多。

另外，還有山東被稱為「節點」省份，內蒙古也有一個「草原絲綢之路」的説法等等。至於眾多的「支點」，代表著任何省份或城市，在互聯互通上發揮著國際貿易、投資、物流、人員往來和文化交流等任何一個領域的重要輻射作用和影響力。

至於在「一帶一路」倡議的發展前期，也有重點合作國家。現階段包括哈薩克斯坦、巴基斯坦和印尼。

在國家提出「一帶一路」倡議的一年多之後，當時中央還未提出具體的內容，但不少沿線省份已經按照戰略的大方向，提前進行佈局規劃。

包含在「一帶一路」核心區域的共有16個省份。其中，「海上絲綢之路」的沿線包括江蘇、浙江、福建、廣東和海南等東南部沿海五省，以及山東省。至於「絲綢之路經濟帶」，則包括新疆、青海、甘肅、陝西和寧夏等五個西北部省份，重慶、四川、廣西和雲南等四個西南部省份，另外還有內蒙古。此外，黑龍江、遼寧、河南和湖北也已經明確表示要積極融入「一帶一路」的建設發展當中。

在陸續召開的地方兩會上，沿線二十多個省區在政府工作報告或高層會議中，明確各自在「一帶一路」中的定位和發展重點，並開始進入實質操作階段，對2015年要推進的工作制定具體安排。例如廣東省提出要「加快推進海上通道互聯互通，積極參與東盟國家港口等重大基礎設施建設」、新疆自治區則指出「積極推動中巴經濟走廊及面向中西南亞和歐洲的物流通道、信息通道建設」等等。

「一帶一路」是國家構建對外開放新格局的重要戰略，將開啟未來數十年的國家發展佈局，也將改變周邊國家，以至我們跟周邊國家關係的面貌。各省市的積極回應，一方面是看準了當中的發展、經濟和改革機遇，更顯示出當下一種從下而上的強烈發展訴求。從中央提出方向，到地方積極回應，再到中央最後拍板決定方案，也是一種中國式的政策制定過程和訴求博弈模式。

中國構建全球自由貿易協定的佈局，分為三個層面：
（一）力爭與所有毗鄰國家和地區建立自由貿易區；
（二）積極同「一帶一路」沿線國家商建自由貿易區；
（三）在全球層面逐步形成自由貿易區網絡，這包括兩個層面，一方面是涵蓋大部分新興經濟體、發展中大國和金磚國家的大市場；另一方面則是跟主要區域經濟集團和部分發達國家建立自貿區。

至於具體內容，除了提高傳統貨物貿易的開放水平，還通過自貿區改善與貿易夥伴的雙向市場准入，合理設計原產地規則，推動構建中國的全球和區域價值鏈。此外，還將擴大服務業的對外開放，以此促進國內的經濟結構調整；重點包括推進金融、教育、文化和醫療等行業的有序開放，並放開育幼養老、建築設計、會計審計、商貿物流、電子商務等服務業的外資准入限制，以及加快發展文化貿易活動。

另外還有高標準自貿協定的新內容。其中涉及放寬投資准入，構建與自由貿易夥伴的雙向投資准入，為中國投資的「走出去」營造更好的市場准入和投資保護環境。同時在當中積極穩妥地推進人民幣資本項目可兌換的試點，強化貨幣合作，促進貿易投資便利化。另一個高標準的內容是推進規則談判，這將深度影響到國內的管治水平提升和改革問題。因為通過與外國構建自貿區，國內規則也將適用於外國企業，國內相關的法律法規便將無可避免地需要跟國際接軌。當中包括加快推進知識產權保護、環境保護、電子商務、競爭政策，以及政府採購等幾點新議題談判。

中國現在批准了建設上海、天津、福建和廣東四個自由貿易區，其目的除了是全國新一輪改革開放的先行地，更是作為「二十一世紀海上絲綢之路」的重要樞紐。自貿區將是「一帶一路」和國家對外聯繫的銜接點，通過輻射「一帶一路」，構建面向全球的高標準自由貿易區網絡。

近日，國務院頒發了《自由貿易區戰略的若干意見》，提出了22條具體政策意見。當中多次強調幾個自貿區需要融入國際，全方位參與國際上自由貿易區的各種區域貿易安排合作，特別是跟周邊、「一帶一路」沿線，以及產能合作重點的國家、地區和區域經濟組織強化關係，甚至可以主動商建自由貿易區。

自貿區是本屆政府的重要國家戰略之一，反映著中國經濟對外改革開放的升級版。四個自貿區實際上是背靠著經濟發展比較成熟的三大地區，包括「中國（天津）自由貿易試驗區」所屬的首都經濟圈和環渤海經濟圈、以上海為龍頭的經濟圈和長江經濟帶、「中國（福建）自由貿易試驗區」則面向台灣和構建「海西」（海峽兩岸以西）的兩岸經濟合作平台，至於「中國（廣東）自由貿易試驗區」，除了背靠著已經相對成熟的廣東經濟之外，更是定位於構建跟港、澳兩地更深度的融合。

四大自貿區產生於全球進入新一輪貿易開放期之際，也將和「一帶一路」的大戰略配合協同發展。這些區域除了會成為拉動中國未來一段長時間經濟增長的重要動力之外，更標誌著改革開放開啟了一個新階段。借助「一帶一路」倡議，幾個自貿區更是與外國建立更緊密經貿關係的橋頭堡，探索更加開放和便利的國際投資貿易規則、實施資本

項目可兌換的「試驗田」，推動人民幣國際化，以及試驗全球變局中的高標準自由貿易協定（FTA）等新模式 。

自上世紀八十年代初至今的三十多年是上一發展階段，其中較具標誌性意義的政策包括八十年代建立深圳經濟特區、九十年代開發上海浦東。隨著自由貿易區概念的逐步實現，正預示著未來數十年的改革開放路線；把自貿區融入「一帶一路」倡議，能夠為新的發展階段帶來更全面的發展。

四縱四橫高鐵網絡

高鐵作為「一帶一路」連接各國的大動脈，是整個倡議能否做到互聯互通的關鍵。其中，基於地理位置，中國國內的鐵路系統除了服務國民之外，更是扮演著向西方通往歐洲和向南方通往東南亞的交匯網。

在中國境內的整個高鐵系統被稱為「四縱四橫」。根據中國的中長期鐵路網規劃方案，至2015年底，中國已建成42條高速鐵路客運專線，基本建成以「四縱四橫」為框架的全國性快速客運網，總里程已經超過20,000公里。到2020年，中國時速在200公里以上的高鐵鐵路，里程將超過30,000公里。鐵路的快速客運網絡將連接所有省會城市和50萬人口以上的城市，覆蓋中國90%以上的人口地區。

所謂「四縱」，顧名思義，包括四條南北走向的鐵路，即京滬高速鐵路、京港客運專線、京哈客運專線，以及杭福深客運專線（又稱為東南沿海客運專線）。至於「四橫」，則是四條東西走向的鐵路，即青太客運專線、徐蘭客運專線、滬漢蓉高速鐵路，以及滬昆高速鐵路。

「四縱四橫」就像是一張鐵路運輸的大網，各條鐵路又通過幾個重要的節點城市樞紐，連接跨國界的鐵路系統。例如從西南地區通往東盟國家，隨著南寧至廣州高鐵開通，便可以接通東南亞國家鐵路系統經過中國西南部入境中國。在西北地區通往歐洲，蘭州至烏魯木齊高鐵開通，使「絲綢之路經濟帶」正式匯入中國的高鐵系統，由新疆出境向西進發。

新疆是「一帶一路」的核心省區，是西進路線的起點，一直通往中亞直至歐洲，具有非常明顯的地理特徵和明確的定位。

新疆位處中國西北部，周邊與八個國家接壤。作為附近地區中最發達的地方，早已是中西亞的地區國際樞紐，也是商貿集散、會議展覽等服務，以及航運物流的中心。新疆現有國家級一類開放口岸17個、航空口岸兩個。在航空交通方面，至2014年底，新疆民航的全年旅客吞吐量和貨郵吞吐量分別為約2,200萬人次和18萬噸，運營航線一百八十多條，通航到15個國家、八十多座城市。其中通往莫斯科、伊斯坦布爾、杜拜等中亞及中東歐國家的航線尤為發達。事實上，不少前往中亞和中東歐國家的旅客，都喜歡從烏魯木齊機場出發，因為航線選擇較多，飛行距離也較短。此外，烏魯木齊也是區域內的商務中心，各項大小型的商務會議及展覽活動，均集中在這座城市舉行。

烏魯木齊是連通中亞和中東歐地區的國際樞紐，配合中國把喀什發展為對巴基斯坦和中巴經濟走廊的接入點，形成新疆作為中國面向西部和西南部鄰國兩扇窗口的格局。

可是儘管倡議很理想，新疆的發展卻受著所謂「三股勢力」的威脅。「三股勢力」指的是宗教極端、民族分裂和國際恐怖勢力。所以當中國通過新疆，與區內國家推動「一帶一路」發展的同時，還需要特別考慮到如何防止這些破壞力量的干擾。

喀什經濟圈的潛力與風險

新疆同時也肩負著向西南前往巴基斯坦的門戶角色。通過中巴經濟走廊，巴基斯坦的瓜達爾港可以直達新疆的喀什。隨著公路和鐵路系統連接瓜達爾港和喀什之後，相當於開闢了中國西部的一條大動脈。喀什作為瓜達爾港另一端的對接點，將會有越來越多的貨物運輸，經過此地往還瓜達爾港通往世界。當內地貨物的進出可以選擇西部通道而不必再經過沿海口岸，將有助激發西部地區的經濟發展，喀什因而有望成為貿易中心。

再進一步說，物流將促進資金流中心以至商業中心和貿易中心的發展。世界上很多大城市，包括香港和上海都是這樣發展起來的。中國西部落後於東部，主要原因也在於缺乏物流的拉動。因此，喀什甚至有潛力成為中國西部世界級的物流中心，乃至形成以喀什為中心的城市圈。

目前，喀什正處於全面發展的初階段，例如喀什東城金融貿易區已經開始動工興建。另外，喀什綜合保稅區也已經在2015年開始營運，成為新疆繼阿拉山口綜合保稅區之後的第二個綜合保稅區。其中官方已經確定了六大產業發展方向，包括外向型農業、紡織服裝業、金融業、信息化和電子商務中心、商貿物流業和文化旅遊業，以支持喀什成為中亞地區重要的商品採購、金融、倉儲物流和交易中心。這些正好配合中國接手管理瓜達爾港，使喀什更好地跟瓜達爾經濟圈融合。

可是該區域的貿易也很容易受到政治、安全風險和政策，甚至是氣候的影響。例如在2010年新疆與巴基斯坦貿易量的下降，主要就是受到惡劣氣候阻礙了貿易通道的暢通。

福建海上絲綢之路核心區

福建作為「二十一世紀海上絲綢之路」的核心區，被劃定為以海路通往東南亞、南太平洋、印度洋、北非和歐洲的核心起點。除了位處東南沿海的天然地理優勢之外，福建扮演這個角色，還有歷史淵源和帶動區域發展作用的考慮。

追溯到晚清時期，中國開放港口通商。福建除了是最早開始以海路與外國進行交往的地區之外，更與廣東的情況相似，有大量的當地人出外謀生。這除了形成龐大的華僑網絡之外，還累積了豐富的海路往還經驗。另外，福建與台灣隔海相望，早已有建設成為「海西經濟圈」的計劃。隨著兩岸人們的密切交往、台商在福建的巨大投資，以及自貿區的成立，進一步發展福建，將有助這個區域的融合發展，並幅射和連接到內陸地區。

在《福建省二十一世紀海上絲綢之路核心區建設方案》中，便對上述構想提出了一些方向措施。其中在八項主要工作任務當中，便包括了強化海上通道的基礎設施，加深華僑的聯繫，推進福建自貿區的發展，加強遠洋漁業、海洋科技、環保和海上安全等海洋合作，以及推動與台灣的人文交流、國際和經貿合作等等。

憑藉這十多年中國著力發展跟東盟國家的關係，廣西南寧機場迅速成長。南寧機場已經開辦了六十多年，但由於廣西以往經濟落後，運輸量一直不高，在全國的排名中長期處在下游位置。直至2002年，隨著廣西的發展，以及廣西跟東南亞經貿往還的增長，南寧機場在這十年內運輸量增加了五倍、客流量增加了十倍。當年，機場的客流量一下子比2001年同期增長了12%，但總數仍然只有100萬人次。而2015年，南寧機場的客流吞吐剛剛突破了1,000萬，在13年間取得這個成績實屬不易。

廣西高速的發展，受益於中國強化跟東盟的經貿往還，廣西作為當中的門戶，樞紐角色已經相當鞏固，例如每年秋冬季舉行的「中國－東盟博覽會」，已經是地區內的一項盛事。基於這些條件，廣西機場最近也提出了建設成為「面向東盟門戶樞紐機場」的發展目標。

作為一個樞紐機場，需要符合不少條件，包括有足夠密集的國際和國內航班，讓乘客可以很方便地轉乘到其他目的地，高效便捷，擁有以該機場作為母港的航空公司等等。現時內地有北京、上海和廣州組成的三個門戶複合樞紐機場，以及天津、昆明、成都、西安、重慶、烏魯木齊、鄭州、瀋陽和武漢組成的九大區域性門戶樞紐機場。每個機場在中國的對外聯通都發揮著獨特的作用。

2015年的上海合作組織峰會沒有在傳統的大城市如北京或上海等舉行，而是移師到二線城市：鄭州。事實上，近年由二三線城市舉行國際級別或世界性活動的例子已經越來越多，例如世界互聯網大會的永久會址就選擇設置在烏鎮，國際生態文明會議由貴陽舉辦等等。這一方面，反映國家正在調整城市發展佈局的思路，通過國際交往帶動各地發展，不再只重點培育一線城市，而是獲得地理和地域上的平衡發展，減輕大城市病。另一方面，也考慮到更全面地動員起各大小城市的區位優勢，結合發展項目的特點。

例如鄭州在一般的城市評價指標中並不突出，然而，卻是「鄭新歐列車」的起點，又是連接「隴海蘭新鐵路」的重要中轉站，這座鐵路樞紐的二線城市在絲綢之路經濟帶的建設中地位獨特。鄭新歐列車由鄭州出發，途經新疆，通過阿拉山口出境，經哈薩克斯坦、俄羅斯、白俄羅斯和波蘭，最後到達德國漢堡，全程一萬多公里。在利用鐵路運輸串連起上海合作組織（簡稱「上合組織」，成員包括中國、俄羅斯、哈薩克斯坦、吉爾吉斯斯坦、塔吉克斯坦、烏茲別克斯坦、巴基斯坦和印度；另有蒙古國、伊朗和阿富汗為觀察國。）國家方面，鄭州有其特別意義。自2013年中開通首趟國際貨運班列以來，正好在峰會舉行時的12月迎來第150個班列。而隴海蘭新鐵路則是一條從東西橫貫江蘇、安徽、河南、陝西、甘肅五省的大動脈。

由鄭州承辦這次上合組織峰會，代表著在推進「絲綢之路經濟帶」建設中，上海合作組織國家互聯互通的意義，也是全國各級城市，不論大小皆有機會、有責任肩負某種功能的一個典範。

構建關鍵及節點城市

根據2010年上海世博會高峰論壇發佈《上海宣言》的倡議，決定自2014年開始，定立每年的10月31日為「世界城市日」，推動全球人民在城市層面的交往。

城市間的關係、對外活力、公共外交等概念，跟人類的城市化進程都是密不可分的。世界人口向城市聚集，使得城市成為人類共同生活的平台。一個城市的形象，很大程度上是在國際交往的廣度、厚度和深度當中逐漸形成的。為什麼我們說倫敦和北京是有厚度的城市，這直接源於這兩座城市的歷史文化深度。國際交往塑造了城市形象，而城市形象與國際交往之間又有一個延續與傳承的過程。

結合「一帶一路」倡議中構建「關鍵城市」、經濟一體化的「節點城市」的發展方向，一些例如香港和上海等的金融中心或特大城市，將是其中的重要參與者。回到根本，「世界城市日」的目標，是聯繫城市人民之間的感情。在這方面，產生了例如西安等歷史名城，通過人文感情促進人與人之間的交流，這是第二類城市。

第三類是本身已經有不少國際組織駐紮的城市，例如比利時的布魯塞爾，一直是重要的國際專業和功能性團體的交流平台。這一類型城市對國際話語權有很大的影響力，因此可以預計在未來，各國都會盡力爭取將國際組織或城市組織聯盟的總部，設在自國有條件的大都市。

可是說到最後，如何能夠為世界不同地方的人提供良好、舒適、便捷的交往環境，才是在今日全球化環境下，一座城市能夠脫穎而出的根本原因，而這也是設立「世界城市日」的目標。

四 /

勢

「一帶一路」的對外佈局

2015年底，中國跟多個國家或地區簽定和達成了促進貿易和交往的合作協議或框架，包括跟東盟的「10＋1」全面經濟夥伴關係協定、跟韓國的自由貿易協定、跟俄羅斯主導的「歐亞經濟聯盟」對接、跟中東歐的「16＋1」合作，以及與非洲國家的「2063願景」合作等等。這些平台，將由「一帶一路」串連起來，最終構建成為亞歐兩大洲的龐大經濟合作區域。

這些自由貿易協定均代表著一個區域的合作平台，由東南亞的東盟、東北亞的韓國、中亞的「歐亞經濟聯盟」，一路向西前往高加索地區和中東歐地區，之後南下非洲，另外加上中國和巴基斯坦的「中巴經濟走廊」合作，在「一帶一路」上的超過一半區域，中國已經構建起雙邊合作關係。接下來的目標，將會是跟還沒有這類關係的地區，建立起夥伴關係，其中兩個比較重要的地區包括南亞，特別是印度，以及歐洲國家。之後還要將這些平台打通，才能發揮出「一帶一路」的最大功效。

要構建一個共富的亞歐大陸，除了現階段需要讓發展中地區建設基礎設施之外，還需要有上層的制度建設，而自由的貿易、方便的流通和交往，正是奮鬥方向，因此構建全面的自由貿易協定是「一帶一路」的目標。「一帶一路」的發展借力於各個區域合作平台，同時也為各個區域提供串連起其他區域的基礎。這正是為什麼中國的倡議是一個開放包容的平台，能夠跟不同區域合作並有協同作用。

俄羅斯總統普京發表2015年度的國情咨文，全面闡述俄羅斯未來的發展路向，其中重點強調「歐亞經濟聯盟」與中國「一帶一路」倡議對接，把合作提升為俄國的國策。

歐亞經濟聯盟自2015年1月正式投入營運，成員包括倡導國俄羅斯、白俄羅斯、哈薩克斯坦，以及隨後加入的亞美尼亞和即將加入的吉爾吉斯斯坦。其中哈薩克斯坦和吉爾吉斯斯坦兩國均是中國「絲綢之路經濟帶」上的重要國家。整個聯盟覆蓋一億七千萬人口，GDP總額超過29萬億元人民幣。

兩個計劃的首階段目標均是中亞地區，但是由於二者的目標不同，因此能夠形成強烈的互補作用。俄羅斯希望構建類似歐盟的一體化聯盟，擴大俄羅斯的影響力，建立互免關稅的單一市場。至於「新絲綢之路」的目標則更像是同一光譜上的另一面，旨在中國經濟的外擴。因此在形式上，俄羅斯的一體化計劃更看重建立制度化的法律基礎，而中國則重視實際的經貿往還，發展和鞏固跟各國的雙邊關係。俄羅斯計劃花四年時間完成構建「成熟的一體化組織」目標，而中國則倡議整個亞歐地區的共富發展需要四十年的時間。

「一帶一路」倡議是一個開放平台，將借力不同區域的經濟合作機制，擴大關係和打通障礙。同時，各國還可以通過「一帶一路」跟區域外的經濟合作機制建立關係。正如普京在國情咨文中提議建立上合組織、歐亞經濟聯盟和東盟經濟夥伴關係間的經濟合作機制，「一帶一路」正是這條帶，把途經的各個經濟合作機制串連起來。

2015年在蘇州舉行的第四屆中國－中東歐領導人會晤（簡稱「16＋1」峰會），是繼2012年首屆在波蘭、第二和第三屆在羅馬尼亞和塞爾維亞的會議之後，首次在中國舉行。

「16＋1合作」的目的，在於促進和協同中國跟16個中東歐國家的經貿和發展。參加的中東歐國家除了上述三國之外，還包括阿爾巴尼亞、波斯尼亞和黑塞哥維那、保加利亞、克羅地亞、捷克、愛沙尼亞、匈牙利、拉脫維亞、立陶宛、馬其頓、黑山、斯洛文尼亞和斯洛伐克，另外還有歐盟、奧地利和歐洲復興開發銀行等應邀派代表作為觀察員與會。

每屆會議後，與會國都會共同發表一份工作綱要，規劃未來一年的工作目標。2015年的會議上，各國發表了《中國－中東歐國家合作蘇州綱要》，提出了開通或恢復北京至華沙、布達佩斯和布拉格等地的直航航線、加強中國和各方的民航領域合作、計劃於2016年3月份在布達佩斯舉辦旅遊交易會及相關專業會議等等。

在上一屆會議中，各國曾提出了《中國－中東歐國家合作貝爾格萊德綱要》，其中最主要的內容包括建立中歐互聯互通平台，就「16＋1合作」與中歐關係對接達成共識、「一帶一路」倡議與歐洲投資計劃對接等等。

本屆會議還共同發表了《中國－中東歐國家合作中期規劃》。這份規劃文件旨在依照《中歐合作2020戰略規劃》的方向，明確從2015至2020年的工作重點，進一步釋放17國的合作潛力，推動「16＋1合作」的實質內涵。

「16＋1合作」作為中國跟中東歐國家加強關係和協同發展規模的平台，在「一帶一路」的建設中發揮著不可或缺的作用。

在整個「一帶一路」倡議中，由中國西北部新疆出發西進的北線，一直達至歐洲，沿途經過俄羅斯、中亞國家、高加索地區國家，來到中東歐地區，然後抵達東歐、西歐等國。所以中東歐所在之地，正是連接著亞、歐大陸的交界，位置特殊。「16＋1合作」的地位，在於建立與歐盟重大倡議和規劃對接、與中歐促進「和平、增長、改革、文明四大夥伴」關係，以及與西歐建立互聯互通平台。

正因如此，「16＋1合作」機制在「一帶一路」倡議被提出之後，日漸倍受關注。除了依據《中國與中東歐國家領導人會晤新聞公報》和《中國關於促進與中東歐國家友好合作的十二項舉措》，發表了《中歐合作2020戰略規劃》，以及在2015年的會晤期間發表《中國－中東歐國家合作中期規劃》，作為方向性規劃之外，成員國更計劃籌建「中國－中東歐國家合作秘書處」，作為進一步提升統籌協調和信息共享功能的常設平台。其中具體措施包括秘書處及其成員單位與中東歐國家駐華使館的季度例會機制、合作國家協調員會議（將於2016年分別在中國和拉脫維亞舉辦中國－中東歐國家合作國家協調員會議），以及中國外交部專門設立的「中國－中東歐國家合作事務特別代表」等等。至於每年舉行的領導人年度會晤，則將對規劃落實的情況，進行該年度的梳理總結和回顧檢討。

在2015年的中國－中東歐國家領導人會議上，與會國家通過了未來一年工作計劃的綱要和中長期的發展規劃，把

「一帶一路」的元素嵌入到「16＋1合作」的議程中去。其中具體的事務，包括推動其他中東歐國家，建立類似於跟匈牙利簽署的共建「一帶一路」的文件，以促進區域之間的互聯互通。此外，中國作為「16＋1合作」的發起國，也提出把中國和中東歐區內國家的一些特定領域關係機制化。例如會議提出支持由塞爾維亞牽頭，組建「中國－中東歐國家基礎設施聯合會」和「中國－東歐物流合作聯合會」、支持由斯洛文尼亞牽頭，組建「中國－中東歐林業合作機制」、支持羅馬尼亞提出的「能源對話和合作中心」，以及在人文交流方面，將由中國社科院牽頭組建「16＋1智庫交流與合作網絡」。

至於大型基建方面，會議也提及到例如匈塞鐵路項目。這個項目規模宏大，始於2014年底中國跟匈牙利和塞爾維亞簽署的鐵路項目合作三方諒解備忘錄，將興建連接貝爾格萊德和布達佩斯的鐵路項目，計劃於2017年完成。這是該區域一個大高鐵鐵路網的其中一部分，南起希臘比雷埃夫斯港，途徑馬其頓首都斯科普里、塞爾維亞首都貝爾格萊德，北至匈牙利首都布達佩斯。鐵路完成後將輻射三千多萬人口，對區域格局帶來深遠影響；通過這條鐵路往來中國和歐洲，更將縮短至七天。另外，它更是聯通從紅海，經過希臘的港口，通往中東歐地區的運輸路線。

這個會議涉及的合作領域幾乎無所不包，從政治對話、高層交往，到互聯互通和基建協同。

經過多番波折，中國遠洋集團終於獲得希臘比雷埃夫斯港的發展權。結合該公司在2009年取得升級和營運比雷埃夫斯兩個貨櫃碼頭為期35年的特許經營合約，最終形成「一帶一路」上進出歐洲的地中海大型港口樞紐。

比雷埃夫斯港位於希臘，是一座面向地中海的沿海城市，是距離蘇伊士運河最近的西方港口。使用海路從亞洲出發，經過馬六甲、印度洋、紅海前往歐洲，通過蘇伊士運河後，便能夠到達比雷埃夫斯港。由於地理位置優越，該港口也是地中海地區最大的貨櫃碼頭港口之一，更是希臘歷史悠久的船運業中心。

此外，配合正在計劃興建的匈牙利及塞爾維亞連接比雷埃夫斯港的鐵路網絡，中國希望把港口建設成一個連接中歐海陸聯運物流的轉運中心。日後到達港口的貨物，將能方便快捷地經鐵路輸往東方；這是通往巴爾幹半島並進入中歐、東歐的要道。

對於「一帶一路」倡議而言，比雷埃夫斯港的重要意義在於構建一個地中海的落腳點。這裡將是「絲綢之路經濟帶」和「二十一世紀海上絲綢之路」的歐洲海陸交匯點。

跟比雷埃夫斯港相比，從德國或荷蘭的港口再進行陸上運輸前往中東歐，要多七至十天。難怪中遠集團在比雷埃夫斯港處理的貨運量，在最近五年已激增了四倍以上。中國企業也在尋找收購土耳其大型港口的機會，以複製比雷埃夫斯港的模式，建設從土耳其到希臘、中東歐的廣大地區交通網絡。此外，比雷埃夫斯港也可能會作為海軍補給基地，使港口納入到中國的安全保障系統。

在「十三五規劃」當中，中國跟歐洲國家的合作將發揮非常重要的作用。事實上，中、德兩國早就提出「中國製造2025」和德國「工業4.0」對接，並共同開發第三方市場的戰略構想。德國多年來一直是中國在歐洲的最大經濟夥伴，兩國雙邊貿易額約佔中國與歐盟貿易額的30%。而英國則是中國在歐盟的第二大貿易夥伴、第一大投資目的地和第二大實際投資來源地。至於法國，是中國在歐盟的第四大貿易夥伴，也是中國在歐盟的第四大實際投資來源國。

幾個歐洲國家期望加強跟中國的關係，出於多方面原因。首先，習近平訪問英國，見證了兩國「黃金時代」的開啟；反觀德、法與中國近年經貿和產業的合作，在實質上並沒有太多進展，德國產品出口到中國的數量更正在減少，因為中國也具備了類似的生產能力。

此外，雖然法、德在綠色經濟、創新科技等領域擁有領先水平，但是由於人口規模小導致了市場局限。跟中國合作，除了可以獲得市場並贏得廣泛使用之外，更有望因為規模效應而成為國際標準。相反對中國來說，「十三五規劃」內容強調創新、發展模式的轉型，也對此有極大的需求。

一旦中、歐這樣的合作成功，更將幫助雙方極大地擺脫美國的影響。例如上述的產品和行業國際標準，正是因為美國擁有龐大市場，供其科技市場化，所以即使歐洲水平不差於美國成果，卻無法達到美國產品的影響力。這合作將進一步幫助中、歐擺脫對美國科技、產品，甚至市場的依賴，形成一套更完整且獨立的體系。

中、德兩國於2015年舉行了首屆金融財金對話；同時，歐盟官員透露，德國、法國和意大利也決定追隨英國的步伐，表態加入由中國主導的亞投行。

某程度上來說，英國在這方面比較領先。在西方國家當中，英國最先與中國簽署貨幣互換協議、建立人民幣清算機制，以及發行人民幣債券，使倫敦成為歐洲離岸人民幣市場的中心。

對於德國來說，加入亞投行最重要的著眼點，是參與人民幣國際化的機會。而人民幣的國際化，更有可能牽動下一輪國際金融格局的改變。德國一直希望把法蘭克福建設成為比肩，甚至是超越倫敦的金融中心，而成為人民幣離岸市場將是關鍵的內容之一。加入亞投行是一個非常好的跳板。

德國在這方面的優勢，是與中國有密切而且龐大的投資貿易往來。迄今，兩國之間每天便有超過30億元人民幣的商品往來，並且是對方在所屬地區的最大貿易夥伴。憑藉較大規模的雙邊投資貿易活動，積累大量的人民幣流動；並利用法蘭克福已有的金融基礎設施、產品和交易環境，形成離岸人民幣市場。

至於英國則與中國有較強的金融聯繫，可以利用貿易金融服務、直接投資，以至金融交易等方面的優勢，建立起多層次的離岸市場體系，倫敦更是世界三大金融中心之一。

人民幣國際化的歐洲「雙城記」競爭多年，亞投行已經成為英、德的另一個競爭之地。

在深圳舉行的第一屆中非經濟合作高峰會，主力探討構建「中非共同體」的經貿合作，並對投資機遇、非洲投資法律法規，以及風險防範等一系列具體問題展開研討。而跟非洲加深關係，也是「一帶一路」倡議的一個重要環節。

過去十年，中非雙邊貿易額每年增長平均超過30%，從2000年的700億元人民幣，增長至2015年的一萬三千多億元人民幣。根據國際貨幣基金組織的估算，中國對非洲持續增加的投資，佔了當地近年來經濟增長率的接近6%。外國直接投資是目前非洲經濟發展的主要來源，估計創造了大約15,000個以上的就業機會，也對非洲的脫貧發揮一定作用。

目前，中國不斷增加對非洲原油、天然氣、礦業和其他原材料的需求，而這些產品的出口推動了非洲資源出口經濟的發展。另外，中國也大量投資在公路、鐵路和水庫等基建項目。相反，隨著非洲經濟的發展和中產階級規模的擴大，非洲市場對中國的出口商品也提供了絕佳的機會。

興建鐵路是中非合作的一個典範。目前非洲大部分的鐵路項目由中國投資建設，比較大型和重要的包括尼日利亞和安哥拉的鐵路新項目、坦桑尼亞首都達累斯薩拉姆和贊比亞的新卡皮里姆博希的鐵路翻新項目、肯尼亞首都奈羅比至第二大城市蒙巴薩之間的快速列車項目，以及連接坦桑尼亞、肯尼亞、烏干達、盧旺達和南非之間的鐵路項目。

這類工程除了是生意，更能夠貢獻非洲人民，促進地區合作和經濟發展。這大概也應該是中國在發展與非洲的經貿關係時，應該抱有的態度。

2015年是「中非合作論壇」成立15周年，在約翰內斯堡召開了論壇峰會，這是首次在非洲大陸舉辦。經過多年的磨合，中、非合作論壇已經成為中、非集體對話的重要平台，對於促進務實合作發揮著重要的作用。在2013年5月的非洲聯盟首腦會議上，非洲國家共同提出了「2063年願景發展戰略」；同年10和11月，習近平主席則提出了「一帶一路」倡議。中國和非洲的發展戰略有著實質性的有機關聯。

「2063年願景」提出「體現共同繁榮興旺和幸福安康的願望，盼望團結融合，渴望公民自由，期望前途光明的非洲大陸」。李克強總理於2014年5月訪問非洲時提出了「461中非合作框架」，以及「三網一化」的合作重心，目的就是要把兩個發展戰略具體結合起來。其中比較重要的內容，包括期待到了2063年，完成非洲的基本基礎設施，使之成為促進非洲一體化、技術轉移、貿易增長和經濟發展的重要元素。當中設施包括高鐵系統、公路、航運、海空聯運，以及完善的信息通訊技術和數字經濟。2015年初，中國和非洲聯盟簽署了一項長達48年，覆蓋幾乎非洲全境的交通運輸開發備忘錄，涉及範圍包括高鐵、高速公路、航空和工業化基建等所有相關設施。此外，除了基礎設施建設外，中國大量富裕產能也將轉移到非洲，這也將有力推進非洲大陸的工業化進程。

中國和非洲分別是世界上最大的發展中國家與世界上發展中國家最集中的地區。中、非過去長時間和穩定的合作經驗，表明了「一帶一路」和「2063年願景」的融合，對於推動非洲大陸社會、經濟等各方面發展所能夠發揮的積極作用。

中國分析非洲發展滯後的原因，歸咎於基礎設施落後、人才不足和資金短缺三大困難。因此在2015年度由南非和中國合辦的「中非合作論壇峰會」上，習近平主席提出了「中非十大合作計劃」，作為構建「中非命運共同體」的實質內容，以加深中國和非洲國家關係，並促進非洲發展的方案。

「十大合作計劃」包括了中非工業化合作計劃、農業現代化合作計劃、基礎設施合作計劃、金融合作計劃、綠色發展合作計劃、貿易和投資便利化合作計劃、減貧惠民合作計劃、公共衛生合作計劃、人文合作計劃，以及和平與安全合作計劃。為此，中國將提供總額3,900億元人民幣的資金支持，當中包括設立首批額度為640億元人民幣的「中非產能合作基金」、為「中非發展基金」和「非洲中小企業發展專項貸款」各增資320億元人民幣的無償援助和無息貸款，以及2,240億元人民幣的優惠性質貸款和出口信貸額度，並提高優惠貸款的程度。

中國對非洲增加投資，看準的不僅是非洲的礦產和石化燃料資源，更是一個整體、長遠和全面的合作開發。中國對非洲的態度和看法，由於自身的歷史背景經驗，一直相對平等。中國對非洲更多是看成一個契機，而不是從上而下的援助。例如上述一些政策所顯示的，是中國將重點加強對非洲加工製造業的投資，提高非洲的就業率和產品附加值。事實上，相對於西方發達國家與非洲之間的產業階段相差太遠，中國則是剛剛完成了工業化的早期階段，一些低端的生產技術正好適合非洲的產業對接需要，更符合非洲的現狀。

在「一帶一路」上，中國跟不少地區構建了合作對話機制，其中涵蓋比較全面的，要算是「中國－阿拉伯國家合作論壇」。

這個論壇源於2004年，時任中國國家主席胡錦濤訪問設在埃及開羅的阿拉伯國家聯盟（阿盟）總部，會見了阿盟秘書長和各阿盟成員國代表。會面後，雙方共同發表了《關於成立「中國－阿拉伯國家合作論壇」的公報》，標誌著這個對話平台正式誕生。

論壇包括中國和阿盟的22個成員國，包括約旦、阿聯酋、巴林、突尼斯、阿爾及利亞、吉布地、沙特、蘇丹、敘利亞、索馬里、伊拉克、阿曼、巴勒斯坦、卡塔爾、科摩羅、科威特、黎巴嫩、利比亞、埃及、摩洛哥、毛里塔尼亞和也門。論壇的設計有別於其他對話機制，分為多個不同的對話渠道，在不同時間舉行。當中包括作為論壇長期機制的「部長級會議」，規定最少每兩年在中國或阿拉伯國家聯盟總部或任何一個阿拉伯國家輪流舉行。第二是「高官委員會會議」，規定每年召開例會，由中阿雙方輪流承辦。此外還有「中阿企業家大會」、「中阿關係暨中阿文明對話研討會」、「中阿友好大會」、「中阿能源合作大會」和「中阿新聞合作論壇」等等，另外雙方還同意互辦文化節，以及在環境保護和人力資源培訓方面進行合作交流。

雙方2015年在寧夏的銀川市舉行了「中阿國家出版合作論壇」、「中阿國家環境保護合作論壇」以及「中阿博覽會」。同時，雙方還會擬定每屆合作論壇的行動執行計劃，作為落實計劃的路線圖。

繼續加熱中阿經貿關係

由於伊斯蘭文化的獨特背景，阿拉伯國家一直較少全面融入世界體系。經過過去十年的發展，中國現在已經是阿拉伯地區的第二大貿易夥伴。可是總體來說，除了石油投資以外，中國對阿拉伯地區的其他投資還不成規模。

阿拉伯國家的經濟增長方式普遍處於粗放階段。根據世界銀行的資料顯示，除蘇丹以外，阿拉伯國家的油氣消費佔總能耗接近90%。目前，只有巴林因為石油資源已接近枯竭，所以是唯一不再依賴石油經濟的波斯灣國家。在地理上，阿拉伯國家多處在高原和沙漠，植被少，生態系統脆弱。其中只有黎巴嫩、摩洛哥和索馬里的森林覆蓋率能超過10%，其餘的阿拉伯國家，森林覆蓋率均只有2%左右。此外，阿拉伯地區的民族和宗教矛盾嚴重，社會環境複雜，相關的法律體系跟我們習慣的又有很大不同，再加上當地獨特的風俗習慣等，都容易引來衝突。

過去三年，中國對阿拉伯地區大幅增加投資，2014年，中、阿貿易額同比增長5%以上，達16,220億元人民幣，主要集中在能源、交通、化工、房地產等領域。中國在阿拉伯國家的直接投資總額，至2014年底已超過645億元人民幣，主要涉及資源開發、家電組裝、輕工和服裝加工等行業。另外，中國企業在阿拉伯國家累計簽定的承包工程合同，總額達16,470億元人民幣，項目涉及住房、通訊、交通、石油、化工、電力、港口、建材等，其中阿爾及利亞、沙特、阿聯酋和蘇丹等國是比較主要的承包工程市場。

隨著「一帶一路」倡議的推進，中國提出除了傳統行業的合作，也希望增強與阿拉伯國家在經貿、電信、鐵路基礎設施，以至醫療衛生等方面加強合作。

沙特阿拉伯、埃及、伊朗和土耳其是中東地區重要的四個地區大國，自然也是「一帶一路」倡議當中，中國跟阿拉伯國家合作時的核心國家。繼2014年底習近平主席趁著出席二十國集團領導人峰會（G20）時到訪土耳其後，在2015年開端，習近平的第一個外訪活動，便選擇了對沙特阿拉伯、埃及和伊朗進行國事訪問，可見其對阿拉伯關係的重視，更體現出四國的重要性。

長久以來，沙特阿拉伯和伊朗是區域內的主要競爭對手，沙特是伊斯蘭遜尼派國家的領頭羊，而伊朗則是什葉派國家的領袖，兩國長期不和。在2014年底，更加因為沙特處決了什葉派的宗教領袖，導致兩國斷交。可就在這種形勢下，中國能夠做到同時訪問兩國，並加強與兩國的戰略夥伴關係，取得重要的外交成果，這或許也側面證明了「一帶一路」倡議能夠成為不同立場國家共同發展的鑰匙，與不同國家和情況需要對接協同，使大家能夠合作共贏。

對於與阿拉伯國家的合作，中國提出「1＋2＋3」的合作格局，即以能源合作為主軸，以基礎設施建設、貿易和投資便利化為兩翼，以核能、航太衛星、新能源三大高新領域為新的突破口。對於這四國，甚至是整個阿拉伯世界來說，如何達到和平穩定、恢復經濟重建，似乎是最困難，但又是重中之重的任務。伊朗面對長達數十年的制裁和戰爭，百廢待興；埃及推出新首都和新蘇伊士運河等一系列巨大工程，而該國又是最早和中國建立外交關係的阿非國家；沙特和土耳其則是陸上和海上絲路西端的交匯地帶，對「一帶一路」的戰略意義不言而喻，而沙特更是中國在阿拉伯國家的最大交易夥伴。

習近平兩次中東之行，基本上完成了區域內的全覆蓋外交格局，為「一帶一路」倡議的推展做好關鍵一環。在這個世界上，不少人仍然生活在戰爭、恐慌之下，除了最近的中東難民，還有長期處於衝突的以巴地區。

中國對巴勒斯坦提出的「一帶一路」倡議，也因而跟其他國家截然不同，除了原來的發展、共富、改善民生、加強交流之外，更特別強調和看重如何通過體現「一帶一路」的包容精神，促使各方共同構建和平。中國中東特使在2014年訪問巴勒斯坦時，就曾公開表達希望「一帶一路的思想可能成為未來中東和平進程一個有機的組成部分，通過推動一帶一路，能夠為在熱點衝突下生活的人民帶來一些希望，帶來機會，帶來和平」。

中國將「一帶一路」思想融入巴勒斯坦局勢，除了一方面強調各方接受當中的包容精神之外，另一方面也十分重視對問題的通盤考慮：和平進程不僅是簽定和平條約等政治協議，更應該包括人道主義援助、戰後重建、經濟恢復、未來經濟發展等全面的解決辦法，讓大家看到未來，知道戰爭後的生活路線圖。

「一帶一路思想」是很能夠體現中國文化的。西方解決衝突的做法，是強調從形式上簽定條約協議，相信只要簽定了協議，就應該遵守。可是對於局勢混亂的地區來說，這並不經常奏效的。「一帶一路思想」強調的，則是大家先找出共同事務，一起去幹，在過程當中找到共同點，一邊做，一邊解決問題，一邊發生關係、構建出共同基礎。多做少說，重實務、輕形式。這其實正是「一帶一路」的張力所在。

巴基斯坦是「一帶一路」上南亞區域的重點國家，兩國已率先確定合作建立「中巴經濟走廊」。該走廊是巴基斯坦總理謝里夫在2013年7月首次訪問中國時，與總理李克強共同提出的發展戰略構想。整個項目從中國西部邊境地區喀什，經巴基斯坦北部口岸洪吉拉普，直到南部港口城市卡拉奇和瓜達爾，主要包括公路、鐵路、工業園區、發電設備和港口建設等一系列項目。其中，瓜達爾港口建設，以及卡拉奇至拉合爾和喀喇昆侖的高速公路，被合稱為是走廊的三大核心旗艦項目。

最近，中國鐵建和巴基斯坦第二大建築公司組成的聯合體，中了拉合爾至阿卜杜哈基姆高速公路項目的設計、採購和施工工程的標。該項目屬卡拉奇至拉合爾的主要路段，這條全長1,152公里的公路，作為中巴經濟走廊的大動脈，從南部海岸起連接巴基斯坦全國第一大城市和最大港口城市卡拉奇，向北至全國第二大城市拉合爾。公路建成後，將成為連接中國和中亞內陸國家經過瓜達爾港，通往阿拉伯海和印度洋的交通幹線。日後，波斯灣至亞洲的物流路線將被根本改變，減少途經馬六甲海峽的必然性。

瓜達爾一直只是名不見經傳的小碼頭，然而這個不起眼的地方，卻位處波斯灣的咽喉地區，距離全球石油供應的其中一條最主要通道霍爾木茲海峽僅四百多公里；緊扼著從非洲、歐洲經紅海、霍爾木茲海峽、波斯灣通往東亞、太平洋地區數條海上重要航線的咽喉。

瓜達爾港的戰略價值

瓜達爾港是巴基斯坦的第三大港口，也是難得的深水港。中國和巴基斯坦的合作，除了聯通公路之外，更包括巴方把兩千多畝的瓜達爾港自由貿易區的土地使用權，移交給中國海外港口控股有限公司，租期43年。另外中方企業還負責管理瓜達爾國際機場、瓜達爾自由區和瓜達爾海運服務，全權打理瓜達爾港的絕大部分業務。光計算港口的第二期工程，就已經包括修建七個船艦停泊處、三個貨櫃碼頭、兩處油輪停泊站，以及跟停泊處和地下輸油管相連的煉油廠，總投資達到34億元人民幣。

瓜達爾港能夠繞開傳統航道咽喉馬六甲海峽，也是開闢中東乃至中亞石油運往東北亞新航線的關鍵，並且遠離印度，地理上有條件打造成為一個世界級港口。其實早在巴基斯坦建國之初已有這樣的計劃，奈何因財政資源一直有限而未能成事，即使曾經有過美國和新加坡的開發，也未見起色。

借力於中國和「一帶一路」倡議，瓜達爾港有望躋身全球重要港口，成為地區海上中轉站和中亞戰略樞紐。這樣不僅能夠促進巴基斯坦對外貿易，拉動俾路支省甚至是全巴基斯坦的發展，還為被陸地包圍的中亞打開一扇通往世界的窗口。

中、巴合作視瓜達爾的發展為「巴基斯坦的深圳」。瓜達爾是巴基斯坦西南海岸邊陲地區的一個貧窮小漁村，其所在的俾路支省更是巴基斯坦最為貧困落後、人口最稀少的省份。可是其地理優越，可帶來資源和人力優勢。雙方希望能夠在沿線發展起幾座工業城市，使之成為整個阿拉伯海市場的樞紐。

在構建「二十一世紀海上絲綢之路」時，印度洋的航運系統和海上軍事力量是其中一個關鍵而困難重重的環節。隨著2015年底取得緬甸皎漂港經濟特區的開發權，以及2016年初斯里蘭卡的可倫坡港口項目獲批准復工，中國企業從而可以發展這兩個深水港口的運輸能力。一個以南亞巴基斯坦瓜達爾港和斯里蘭卡可倫坡港、東南亞緬甸皎漂港和柬埔寨西哈努克港，以及東非的肯尼亞和坦桑尼亞中國援建港口為基礎的海運體系基本成形。加上吉布地作為中國軍艦的常規補給後勤基地，以及可倫坡港容許中國軍艦停靠，也為實現解放軍「遠海護衛」的海軍戰略打下基礎。吉布地軍港位於非洲東北部的亞丁灣西岸，扼守紅海通往印度洋的要衝，是中國海軍自從2008年在亞丁灣海域執行護航任務以來逐漸建立起來的合作模式。

作為連接中國和南亞的港口，通過「中巴經濟走廊」，從喀什出發的公路網計劃已經確定。接下來，中國還需要跟緬甸商討建設連接昆明和皎漂的中緬鐵路；這樣便能夠基本構建出兩條中國西南出海的大動脈。其影響將是大大減少中國遠洋海運對南海馬六甲海峽的依賴。中東來的石油和自歐洲來華貨運，將可通過兩大港口，從新疆和雲南直接轉往全國；這是一個重大的戰略舉措。

中國通過執行和平任務獲得與吉布地的軍事合作經驗、通過援建得到肯尼亞和坦桑尼亞的港口資源、通過發展經濟開發區或工業園區的合作模式，獲得巴基斯坦、緬甸和斯里蘭卡的港口使用權，這是一種軟外交，避免了不必要的外交風險。整個系統之後還將以這種模式繼續完善，並計劃加入更多港口，包括正在商討的馬爾地夫、孟加拉和伊朗等等。

2015年底，「孟中印緬地方政府合作論壇」和「孟中印緬經濟走廊成都論壇」分別在北京和成都舉行。顧名思義，「孟中印緬經濟走廊」所指的，就是在「一帶一路」倡議下，如何推進中國跟南亞國家孟加拉、印度和緬甸的經濟合作。「孟中印緬經濟走廊」和「中巴經濟走廊」是「一帶一路」倡議在南亞地區的兩根支柱。中國和巴基斯坦的合作進展順利，可惜孟，印、緬的不確定因素則較多。

孟加拉是位於南亞次大陸的一個發展中國家，儘管土地肥沃、河流資源豐富，非常適合農業和漁業發展，過去黃麻工業也曾經是帶動該國經濟發展的支柱產業。可是隨著現代化纖維產業的興起，以及自十七世紀以來長時間被殖民管治，帶來跟印度和巴基斯坦的複雜關係和社會不穩，在包括「全球繁榮指數」等多項國際指標中，孟加拉的排名均位列下游位置，直至近年經濟才逐步恢復正常。現在孟加拉是繼中國之後的全球第二大服裝出口國，佔孟加拉總出口額的八成。

雖然孟加拉經濟總量小、底子不強，但卻具有明顯的區位優勢，基礎設施的發展潛力也大，因此能夠很好地結合「一帶一路」的發展計劃；反過來該國的發展也需要借助「孟中印緬經濟走廊」的拉動。孟加拉對於「一帶一路」的態度十分積極，孟、中、印、緬區域的開發，將成為孟加拉參與「絲綢之路經濟帶」和「海上絲綢之路」計劃的一部分。中、孟經濟合作的提升，目前主要落實在大型基礎設施項目的建設上，中國企業承建了該國大量的工程，兩國經貿關係深厚。

相對於孟加拉，緬甸和印度的不確定因素則比較多。

中國跟緬甸的關係，受著軍政府和昂山素姬的政權爭端、該國國內局勢和地方分離主義，以及外部美、日因素的影響。中國過去跟緬甸政府曾經有過十分密切的關係，但隨著密松水電站事件的發生，近年來卻出現了很多變數。這在很大程度上也挑戰著「孟中印緬經濟走廊」上，緬甸的參與和態度。可是從綜合的商貿發展來看，中、緬關係仍然有著一些進展。緬甸目前的產業結構非常適合承接中國的製造業轉移，卻對西方投資的行業存在著很多接收困難。

其中由中國企業投資興建的緬甸克倫綜合開發合作區便是備受關注的項目。克倫地區是緬甸的一個自治邦，位處緬甸的東南部薩爾溫江下游，東界與泰國接壤。除了在地理上有利於通過緬甸境內霍德約江流域，成為其他邦和附近平原的商品進出集散地之外，該地更蘊含豐富的礦藏。綜合開發區的定位，便是希望把該地發展為國際物流港口，成為一個面向孟、中、印等國和緬甸國內的入海港口區域。可惜跟緬甸其他一些地方相似，這項投資也受著當地克倫族和其他少數民族與緬甸軍政府的游擊戰所影響，存在不小的投資風險。

至於印度的不確定性，又跟緬甸的不穩定局勢不同，主要源於該國對中國的猜疑。眾所周知，印度是世界上最早的文明古國之一，早至公元前兩千多年，便已經創造了印度河文明或者稱為哈拉帕文明，是南亞次大陸的大國，不論是經濟、政治、軍事還是文化宗教上，都一直處於區內的支配地位。印度人希望重建國家的輝煌，但隨著中國的強大，印度人擔心會阻礙他們的夢想，因而兩國的關係經常被西方媒體說成所謂的「龍象之爭」。而這種思潮，影響到印度對「一帶一路」抱持懷疑態度。

2014年，習近平在擔任國家主席之後，展開了對包括印度在內的南亞三國的第一次國事訪問，而莫迪也是首次以印度總理身份會見了習近平。在訪問過程中，莫迪表示認同將印度的經濟發展戰略和「一帶一路」深入對接，形成雙方互補，也承諾積極研究推進「孟中印緬經濟走廊」，但雙方的聯合公報中卻未有提及相關內容。另外，在莫迪隨後的訪美行程中，印、美發表了聯合聲明，強調雙方會加快建設基礎設施和地區經濟走廊，並通過美國提出的「印太經濟走廊」計劃促進南亞、東南亞和中亞的經濟一體化。

在這大國博弈的格局中，究竟印度對「一帶一路」的真實態度如何，是平衡外交、討價還價的槓桿，還是抵制，仍不得而知。不過，印度對於中國倡議成立亞投行態度積極，也是金磚銀行的成員之一。由此可見，印度認同中國的共同發展理念，對於不具有具體疆界的發展資源無任歡迎，但是一旦涉及物理條件的地緣政治，態度卻有所保留。這大概源於擔憂中國會藉「一帶一路」進入印度的南亞勢力範圍，給印度帶來長遠的戰略隱患。

可是，印度社會內部對「一帶一路」的看法也存在很大分

歧。印度各地方的自主能力比較強，例如莫迪在擔任總理之前主政古吉拉特邦，其親中國的經濟政策，便沒有太受到當時印度要跟中國保持距離的國家方向所影響。事實上，兩國近年的經貿發展迅速，雙邊進出口已多年維持雙位數增長，例如2014年便超過了520億元人民幣，同比增長12%。至2014年，雙邊經貿已經突破了4,500億元、工程承包合作簽定的合同累計已超過了4,150億元。兩國特別在電力、交通、信息和醫藥等領域的合作進展較好。兩國每年都舉辦「中國－印度經貿論壇」，印度總理莫迪更在2015年會上發表了主題演講。現在，廣東省和古吉拉特邦便以兩國最經濟發達地區的身份，結合為友好省邦，作為兩國加強產業合作的試點。

印度的反應，正反映出「一帶一路」倡議中大國博弈的挑戰。如何處理好大國的勢力範圍，是推進的關鍵。在整個版圖上，另一個情況類似的關鍵大國是俄羅斯，「一帶一路」倡議也涉及到俄國勢力範圍下的「亞歐經濟聯盟」。

中國面對南亞的挑戰，大概會採取化整為零的策略，先從孟加拉和緬甸兩國做起，以及把「中巴經濟走廊」做強，並先與印度部分比較開放的地區，例如該國北部的古吉拉特邦等地加強經貿關係開始，然後逐步覆蓋到更廣大的地區合作。從危機管理的角度來看，中國還是需要處理好跟印度的關係，這除了商貿聯繫之外，更重要還涉及宏觀的國際關係和區域地緣政治處理。由此也可以看到，要做好「一帶一路」倡議，除了實體經貿、基建和互聯互通，還有綜合國力和國際局勢等因素。

東南亞人口構成複雜，宗教信仰也各異，佛教、伊斯蘭教、基督教的信仰者均過億。可就在2015年的東盟峰會上，成員國簽署《吉隆坡宣言》，以深化東盟的融合，實現成立「東盟共同體」（ASEAN Community）的宏願。長久以來，東盟國家一直希望在「亞太新世紀」中能夠扮演更重要的角色，不讓中國和美國的大國博弈左右地區發展。

中國對此反應積極，以「10＋3」（東盟十國，加上中、韓、日三國）的六點合作建議作為回應，其中包括加快推進東亞經濟一體化，於會議中發表了《區域全面經濟夥伴關係協定（RCEP）領導人聯合聲明》，表示力爭在2016年結束RCEP談判，建立世界上涵蓋人口最多、成員構成最多元的自貿區。第二，維護地區金融穩定。第三，提升區內的互聯互通水平，共同探討制定「東亞互聯互通總體規劃」。第四，開展國際產能合作，中國將於2016年舉辦「10＋3國際產能合作研討會」。第五，深化農業減貧合作，中國支持加強「10＋3大米緊急儲備機制」，並落實「東亞減貧合作倡議」。第六，拓展人文交流。

不久前，中、韓、日三國也舉行了第六次領導人會議，為推動三國合作發展指出了方向。中國對於這一系列國際事務的態度，主要希望能夠構建一個和平的外部環境，為中國的發展再爭取一段足夠長的發展機遇期。以更緊密的經濟交往促進融合、更加重視睦鄰關係，是本屆政府的其中一個外交戰略重心。事實上，中國無論跟東南亞國家，還是東北亞的韓、日兩國，經濟依存程度已經非常高。近來的進展，應該可以說是打通了一些經貿障礙。可是，中國也要避免跟各國陷入經濟熱、政治冷（政治和國家安全依賴美國）的雙軌局面，這是個不容易拆的局。

2015年的第12屆「中國－東盟博覽會」，於廣西南寧舉行。這一年參加啟幕典禮的總理級外國元首包括來自泰國、緬甸、老撾和越南等東南亞國家。除跟過去多屆的有效促進資本、技術、人才、信息等要素的自由流動和有序配置的合作主題之外，本屆最突出的發展，應該要算是在2007年成立的南寧（中國－東盟）商品交易所，成立了中國第一家海外大宗商品離岸交易中心：南寧（中國－東盟）商品交易所印尼大宗商品離岸交易中心，在印尼正式註冊成立。這標誌著東盟交易所的業務，邁出了國際化發展的第一步。這是在「一帶一路」框架下，中國通過廣西跟東南亞國家加強關係的重要平台，經過十年的發展，當這平台漸具規模之後，邁向「走出去」的第一步。

交易中心成立後的首個發展方向和挑戰，是如何配合交易所和交易所的柳州交易中心，構建起林產品、林產權和森林碳匯等大宗商品的交易平台。利用其地利，交易所現正集中推動柳州的林業勘測和林業資源優勢。整個佈局為的是在現有的商貿條件上，給區域市場提供金融服務，促進中國－東盟自貿區間的「互聯互通」，打開另一層次的新局面。

廣西處在這個重要的交匯對接點和關鍵區域，已經形成其在「一帶一路」銜接門戶的深厚基礎。面對未來，交易所和海外交易中心能否發揮信息和政策等優勢，協助市場運作、支持民間資本參與、減少各地風險，將是廣西、東盟交易所，以至整個區域進一步發展成效的關鍵。

2013年，中國和韓國分別提出「一帶一路」和「歐亞倡議」，兩項倡議既有差異，又互為相通。隨著兩國自由貿易協議的生效，為兩者的對接提供了基礎和內在動力，使兩國的政策協調和推展方向有了具體著力點。

「歐亞倡議」是韓國總統朴槿惠在該年10月於「歐亞時代國際合作論壇」開幕禮上首次正式提出。其三大重心目標包括構建「一個大陸」、「創造的大陸」及「和平的大陸」，涉及泛亞歐大陸的外交、安保、交通、能源、技術和文化等多領域的亞歐國家合作體系。

「一個大陸」強調通過交通、能源和信息網絡的連接，貫通韓國、朝鮮、中國、俄羅斯、中亞和歐洲的鐵路等交通物流網絡，克服物理上的交流壁壘，最終建立一個佔全球人口70%的統一市場，以此降低物流成本，促進單一經濟圈的形成。其核心以建設國際綜合交通物流體系為主，如連接釜山和朝鮮的縱貫朝鮮半島鐵路（TKR），TKR又與西伯利亞橫貫鐵路（TSR）、中國橫貫鐵路（TCR）、蒙古橫貫鐵路（TMGR）連接，之後匯入中亞和歐洲鐵路網絡的絲綢之路快速鐵路（SRX）。

「創造的大陸」所強調的，則是通過交通、能源和信息的連通，使人員、物流、資金和信息等軟資源流動起來，為文化、產業、創意和技術提供有利融合交流的大環境，利用韓國的創造經濟和中國的自主創新，把亞歐大陸培育成全球經濟增長的火車頭。

至於「和平的大陸」，所指的是各類型傳統和非傳統安全問題，包括核安全、自然災害和氣候變化等，是構建朝鮮半島和平，以至亞歐及世界和平必須克服的挑戰。

「歐亞倡議」的提出，源於「朝鮮半島處於歐亞經濟圈的最東端，是連接歐亞大陸和太平洋的門戶，但南北分隔的現實，造成歐亞交流合作的瓶頸」，因此韓國期望「要克服斷絕和孤立，緊張和糾紛，通過疏通和開放，和平和交流，打造共同繁榮的新歐亞」，從而擴大韓國的對外貿易。「歐亞倡議」倡議以朝鮮半島和俄羅斯遠東地區為中心，主要合作對象包括中國、中亞、俄羅斯、蒙古和土耳其。

中、韓的兩個倡議有很高的契合程度。例如二者均是提倡由亞洲起步，一直向西行，構建統一的亞歐大陸共同體。另外，二者同時主張共同參與，不是一個封閉的體系，沒有對參與者設限。在這當中，韓國可以借助「一帶一路」的互聯互通達到「歐亞倡議」的目標，也可以結合中國東北部黑龍江的節點角色，協同發展。

「一帶一路」融合亞歐非大陸交往的想法很理想，但是當中的困難也很大。其中最主要的風險，可以歸納為大國博弈、民族和領土衝突，以及恐怖主義。

整個區域內有多處大國博弈的場所，例如作為亞歐橋樑的烏克蘭，處於俄羅斯的西部，隨著北約向東擴展，使俄羅斯感到來自美國對自身安全區域的威脅；這個國家的命運，正是俄、美持續博弈的結果。此外，還有受到前蘇聯和美國軍事影響的阿富汗地區，以及例如格魯吉亞等因為美國在當地推動顏色革命，推翻原本親俄羅斯的政府，建立親西方政權的中東歐國家。

談及民族和領土衝突，不得不提印度和巴基斯坦長時期的克什米爾邊界糾紛。此外還有混亂的巴爾幹半島，當地各國，例如克羅地亞人和塞爾維亞人之間，長期因民族問題而發生戰火衝突。另外在高加索地區，很難想像世界上會有像阿塞拜疆和亞美尼亞這樣同時看不起對方的國家，在兩國接壤的邊境接受檢查時，另一國的任何物品，都隨時可能會被海關沒收。

至於恐怖主義，除了阿富汗的基地組織之外，還有近年因伊斯蘭遜尼派和什葉派矛盾而趁機在中東冒起的「伊斯蘭國」，正佔據著伊拉克北部和敍利亞廣泛地區。對中國來說，在西部邊境近距離的「三股勢力」（即宗教極端勢力、民族分裂勢力、國際恐怖勢力），例如新疆分離主義等恐怖活動的威脅，也是在構建「一帶一路」時必須重點防範的。

五 / 融

香港，如何落棋？

自從「一帶一路」倡議提出以來，全國各省市，以至不同國家，都借助中國這次推動世界格局變化的機遇發展自己，並尋找自己在新時代的定位。

自晚清以來，香港在舊世界的格局下，一直出色地扮演著搭通中國和西方國家的橋樑。直到改革開放之前，內地時而閉關、時而混亂，香港穩定和開放的環境，因而成為了在中國對外聯繫上的壟斷角色。到上世紀八十年代開始，香港又憑藉商業上的資金和國際營商經驗，成就了不少商業奇蹟。可是舊世界秩序正在遠去，中國已經不再封閉，更已是世界第二大經濟體，香港的角色一下子沒有了，再不能夠也不應該依賴過去的壟斷角色為生。

「一帶一路」倡議展現出一個更加積極開放的中國，以及一大片現有國際秩序所忽略的亞歐非版圖。香港理應積極尋求新的定位，借東風，成就新的地位。可惜，香港社會還未有對此作深刻思考。

不要天真地想著搭上「一帶一路」的列車，就能夠馬上創造大量財富。應該理解為：如果沒有為「一帶一路」作好準備，則將會被新世界所淘汰。「一帶一路」倡議面對很多困難，但這是人類發展的大趨勢。從英國和其他歐洲國家的積極反應便可以看出，新舊世界都在為邁進這個新時代而準備。

香港有優厚的條件，有太多可為之事。2016年的特區政府施政報告首次針對「一帶一路」提出政策，每年設立100個獎學金名額，給「一帶一路」沿線國家的學生來港就學。筆者建議，這批名額可以集中在一些特定的領域，並持之以恆，例如選定文化、藝術，甚或是金融、傳媒等等領域。試

想想，「一帶一路」地區每年有100名尖子來香港從事同一領域的交流，已經很震撼；如果能夠持續做上十年，那就是1,000名了，效果和影響力更加是非同少可。這些來香港就讀同一專業的留學生，畢業後回到各自國家從事該領域的工作，在整個區域便將擁有數以千計跟香港有聯繫的特定行業的頂尖人才了。這樣的話，香港想要不在該領域上成為「一帶一路」區域的交流中心或交匯點，也不太可能。

這個想法最重要的，是選定領域，思考香港在「一帶一路」的戰略定位，希望把香港發展成為什麼和怎麼樣的中心；這便需要香港社會先作出戰略思考，選好方向。再試想想，例如把名額集中在文化藝術上，香港便毫無疑問會馬上成為「一帶一路」國家的文藝中心，把香港提升了一個發展台階，也順便突破了香港現在的悶局；這正是「一帶一路」給香港帶來的突破口。相反，如果名額只分散到各大院校每個院系一、兩名學生，則完全無法起到輻射作用。

同樣地，相近的原則和目標，也應該用作鼓勵香港的學生「走出去」，到「一帶一路」的沿線國家去多見聞、交朋友，擴闊香港的視野，形成多邊雙向的交往。

這是香港面對「一帶一路」的機會，需要用戰略眼光去把握。

打造空中絲綢之路

當討論香港能夠在「一帶一路」當中擁有什麼機會時，社會普遍有一種沒有方向的無力感。可事實上，香港機場的優勢卻是放在眼前。香港應該主動提出以香港為核心樞紐，融入國家發展戰略，構建「空中絲綢之路」的新倡議。

「一帶一路」倡議旨在通過共同發展，有序地加強中國與亞歐非大陸各國的交流、合作和關係。出於地理因素，陸上交通，尤其是高鐵，是目前最重要發展的互聯互通通道，但是這並不代表排除海路和航空的運輸交通。

國家在2015年3月發表的《推動共建一帶一路願景與行動》合作規劃重點中明確指出，要強化香港及珠三角等地區的機場功能與相互合作。事實上，香港國際機場早已是亞太區內重要的交通樞紐，是很多國家和地區的重要夥伴。從香港機場出發，可以在五小時內飛抵全球近半數人口聚居的地方，往來全球一百八十多個航點。憑藉香港機場的優勢，香港有條件提出在「一帶一路」倡議中構建「空中絲綢之路」的樞紐角色。

亞歐一體化空中走廊將可以是「一帶一路」中不可或缺的部分。香港機場如何構建跟絲綢之路沿線國家的緊密聯繫，是其中關鍵。在這些沿線國家的機場中，地理條件比較重要的，包括南歐的土耳其伊斯坦布爾、中東地區阿聯酋的阿布扎比和杜拜。此外，還有各區域的傳統重要航空樞紐，例如歐洲荷蘭的阿姆斯特丹，一直是重要的北歐空中門戶和航空網絡中心，被譽為是歐洲四大航空樞紐之一。亞洲方面，則有東北亞的韓國首爾機場和東南亞的新加坡樟宜機場，一直是兩國的門戶樞紐。另外，之前提及內地的各個樞紐機場，也應該是香港機場加強聯繫的對象。借助「一帶一路」

倡議，香港可以主動地構建世界樞紐機場網絡，鞏固自身地位。

「一帶一路」通過建立亞歐非大陸及附近海洋的互聯互通，建立和加強沿線各國的全方位、多層次、複合型夥伴關係，實現共同的多元、自主、平衡和可持續發展。通過「空中絲綢之路」的構想，將能夠為香港發展航空經濟輻射圈，拉動其他優勢產業、強化與沿線經濟體的關係。主動在「一帶一路」倡議下提出「空中絲綢之路」，借力於新一輪由國家倡議的國際化，擴展香港優勢，將能夠帶來新局面，否則會面對新時代的被邊緣化。

可是「一帶一路」沿線的地域比較複雜，香港對於這些國家的認識和聯繫不深，也缺乏相關人才。所以首先借力於香港具有巨大優勢的航空聯繫，除了是把優勢行業帶出去，更是打開香港市民的眼界，也把當地人才帶進來。

以前，我們總習慣拿香港與內地城市相比，發現香港的國際化和現代化總是走在前面。如今，中央提出了「一帶一路」倡議，希望用更高層次的開放，推動中國經濟和體制的轉型。

這首先表現在理念的開放，希望全方位與各國協商合作，實現共商、共建與共用。其次是合作空間的開放，中國不設門檻，哪裡有意願都可以合作，中亞可以，中東可以，非洲可以，美歐也可以。再次是合作領域的開放，中國提出了「五通」，包括基礎設施、貨物、民心等。最後是合作方式的開放，雙邊可以，多邊也可以，TPP也沒什麼不可以。

在這個新的、以開放為座標的背景之下，香港的獨特地位就不保了。然而，香港仍是有優勢的。

比如，回顧香港的發展史我們可以發現，香港一直承擔著海外華人送往迎來的功能。明末清初，太平天國很多將領就是通過香港逃往東南亞各地，以躲避官方的追擊。當美國和澳洲興起淘金熱時，中國的勞工苦力也是經香港到了美國的「金山」，後來又去了中南美各地。

按照著名史學家、香港大學前校長王賡武教授的說法，香港是全球海外華人的網絡中心，也是文化中心。此言不差，內地改革開放之初，就是憑藉著香港各種同鄉會、商會等網絡，為海外華僑投資內地和建設家鄉搭建了資金、技術、人才和資訊的平台。而這個工作，只有香港能做。

今天，國家「一帶一路」的戰略同樣需要各地華僑的積極參與，也同樣需要搭建不同的網絡，例如商貿的網絡、教育及文化交流的網絡、投資的網絡、與當地百姓聯誼的網絡等

等。這些香港經年累月建立起來的、廣泛和綿密的華僑網絡，其他任何地方都無法替代。中央和特區政府應深入研究如何讓香港發揮好這個獨特優勢，讓東方明珠再次綻放異彩。

國家發展和改革委員會對外經濟研究所所長張燕生教授，在2015年的全國港澳研究會會議上，談及香港在國家發展中的角色，要看香港在平台、樞紐、金融、物流貿易等各角色上如何參與支撐「一帶一路」。這實際上涉及到全球外貿形勢格局的變化，對香港作為國際貿易中心、航運中心都會產生長期深遠的影響，當這種全球大格局發生變化時，內地和香港都需要作出適應。

縱觀歷史，當外貿增長快於GDP的增長，便會出現全球化；反之亦然。以2015年上半年為例，中國對外貿易的增長率是負7%，但是與「一帶一路」沿線國家和自由貿易區夥伴的外貿卻在增長。與此同時，內地同期的外國直接投資增長了8%，其中金融服務業增長463%、綜合技術服務增長46%、科學研究業是110%、通訊設備製造業是232%。這些數據已明顯地表示出未來中國經濟，將會跟哪些經濟體和地區發生融合。

香港商人在絲綢之路經濟帶的六大經濟走廊，已有超過百年的營商經驗，2014年對這些地區的出口比重佔大約11%。另外，香港2014年對海上絲綢之路主要地區和國家的出口額則達到12億美元。可是形勢正在改變，包括TPP、TTIP（跨大西洋貿易及投資夥伴協議）等新格局正在形成，香港過去的優勢未必能夠繼續適應下一步的需要。如何強化香港既有的離岸貿易優勢，運用資本輸出來進行「一帶一路」中的全球佈局，不但是更大的商機所在，也正是香港的新角色所在。

內地城市正在努力拓展國際交往，例如廣州是「世界大都市協會」年會的舉辦地點。同時，為了推進中國和印度的交往，廣東省跟印度經濟最發達的古吉拉特邦結為友好省邦。即使是一些規模比較細小的地方，也在積極拓展自己的城市國際空間。例如揚州，承辦了外交部國家級別的公共外交協會大會，以及國際性的世界運河大會。銀川作為中國和阿拉伯國家的合作平台，承辦每年的中阿論壇。南寧主辦了十多年的東盟博覽會，已經漸見規模和影響力，對於促進這座城市的發展，開始發揮很大的作用。

除了內地城市積極尋找自己的國際定位之外，中國更開始跟外國合作建立開發區，例如最近在越南的兩國合作開發區，以至數十個「一帶一路」沿線國家的同類型合作計劃。內地政府過去的對外聯繫，主要以招商引資為目的，但是這個方向已經逐漸改變過來。

香港在城市的國際空間上應該顯得更加積極，事實上也有這樣的條件。香港的目標，應該是在建立在亞洲和國際的影響力之後，再反過來貢獻整個國家。目前中國只有香港能夠扮演這個角色，國內其他的大城市還未達到這個開放和發展水平。反過來說，如果香港成為不了國際和區域中心，還會削弱其對國家的貢獻能力。

一些高發展水平的城市，其實更應該擴展自己的國際影響力。例如美國紐約市一直積極推動的城市發展計劃「紐約2030」當中的「彈性發展原則」（Resilient city，一項如何抵禦災難，並在災後重建秩序、推動城市進步的原則），最近便被納入為聯合國「可持續發展目標」（SDG）中去。新加坡更設立專門的諮詢和教學機構，把管治經驗向世界各國

推廣和提供專家服務。香港在各方面有大量的經驗和條件，卻沒有對外分享，構建影響力。例如在2015年舉行的巴黎氣候大會，中國各大城市，甚至連鎮江等規模較小的地方，都積極宣傳自己的定位。類似的國際會議，其實是很好的國際宣傳平台，可惜卻看不到香港在當中發出自己的聲音。

硬實力和軟實力是兩個不同概念，而軟實力的影響力更是越來越大。亞洲城市近年積極拓展國際空間和影響力，例如韓國首爾，在潘基文擔任聯合國秘書長之後，大量吸納國際機構或組織把總部落戶於當地。

事實上，香港大可以循吸納國際機構設立總部的方向來擴展國際影響力，並貢獻國家。最近，位於泰國曼谷的聯合國亞洲總部，以及位於馬尼拉的世界衛生組織亞洲總部和亞洲銀行總部，由於當地局勢動盪，均正考慮遷移。世界很大，除了商業貿易中心外還有更廣大的天空。香港對國家最大的貢獻，以及能從中獲取更多發展機會的，正是爭取成為包括商業，以及其他社會和文化的多元國際交往樞紐，這才是香港作為一個國際都會更上一層樓的不二之路。

從2015年7月開始，深圳機場開通了首條直飛日本大阪的國際航線。同年下半年，還有直飛德國法蘭克福和美國三藩市的新航線。自2011年深圳建成火車北站，目前已經可以從深圳乘坐高鐵直達全國15個省會城市；加上換乘，更可以在一天之內到達除了青海、新疆、甘肅、寧夏、西藏、海南、內蒙古等幾個地方以外的其他任何地區。如果中國高鐵連通歐亞大陸的計劃能夠成功，更可以直接乘坐高鐵前往這些地區的國家。

正當深圳積極參與構建交通互聯互通的大佈局之際，香港還在為高鐵的一地兩檢、機場是否興建第三跑道之事而爭論不休，似乎絲毫沒有發覺到未來發展的巨大危機。香港一直以來的成功，其中一個重要因素是地理上的優勢，位處亞洲的中心。從香港飛往亞洲大部分地方，均在三至四小時，一般也不會超過五小時。可是這個地理優勢，深圳同樣擁有。

至今，無論從規模、服務水平、通關效率還是國際航線的數量來說，香港機場均是遙遙領先。可是我們要明白，香港今天的成功，主要得益於亞洲的舊格局。隨著整個地區的發展，以及中國提出了一套龐大的亞洲發展計劃，整個地區將會有翻天覆地的改變。如果香港未能與時俱進，便會隨著深圳的成熟而被邊緣化。

深圳除了高鐵網絡已經領先於香港之外，深圳機場與潮汕、惠州、韶關和佛山等廣東省內支線機場的互聯，更使其覆蓋面和覆蓋人口大大增加。香港機場過去也推進過類似的策略聯盟，把杭州、珠海，以至成都和雲南機場跟香港機場聯繫起來，甚至洽談和深圳機場的合作。如何在新格局下爭取良好位置，是香港需要思考的問題。

抓緊培養人才

在「一帶一路」的佈局上，2015年特區政府施政報告走上了正確的路。「一帶一路」倡議除了是商業機會，更重要是國際格局的大轉變。在參與這套全新的規則時，香港是否已經準備就緒？人才是其中參與的根本和基礎。

這個以復興亞歐非大陸為基礎的倡議，跟現在以英美為主體的世界秩序有根本不同。略舉三例，在中亞和中東歐廣大地區的社會，基本以俄語作為交流語言；另外大量沿線地區均是擁有伊斯蘭背景的國家；在整個區域內，大部分國家是使用大陸法，而不是普通法。香港的國際化十分適應現有國際體系，但是當我們開始接觸新體系的時候，包括語言、制度認識和文化理解上似乎仍有不足。

香港有良好的制度基礎，可是要如何在這些地區發揮出來，人力、智力和人際網絡等軟性資源是其中關鍵。在整個「一帶一路」藍圖上，香港最具有優勢的是跟東南亞的聯繫。可是對於其他地區卻不然，既然現在沒有，我們便需要加大在教育資源上的投放，並吸引相關人才。過去香港的成功，主要依賴一大批既瞭解西方也明白中國，既懂中文也能夠純熟使用英文的香港人才。當新秩序和機會來了，我們便需要更多元化的綜合能力。

施政報告以教育和培養人才為切入點是良好的做法。如果在「一帶一路」的沿線國家尋找工作，懂俄語的人可能比懂英語的人更有可能獲得機會。在香港，懂俄語的人相信要比懂英語的少得多。筆者有位朋友長期在中亞投資，數年前曾經因為在香港找不到懂俄語的人，最後需要轉到北京聘請。不知道幾年後的今天又會如何？

研究一下中國共產黨第十八屆中央委員會第五次全體會議（簡稱十八屆五中全會）的會議公報，關於港、澳、台的內容，跟上屆會議有著明顯不同。

十八屆五中全會公報的相關內容有：深化內地和港澳、大陸和台灣地區的合作發展，提升港澳在國家經濟發展和對外開放中的地位和功能，支持港澳發展經濟、改善民生、推進民主、促進和諧，以互利共贏方式深化兩岸經濟合作，讓更多台灣普通民眾、青少年和中小企業受益。至於十七屆五中全會公報則是：要堅定不移貫徹「一國兩制」、「港人治港」、「澳人治澳」、高度自治的方針，嚴格按照特別行政區基本法辦事，保持香港、澳門長期繁榮穩定。要牢牢把握兩岸關係和平發展主題，深化兩岸經濟合作，積極擴大兩岸各界往來，推進兩岸關係和平發展和祖國統一大業。

公報中涉及香港的內容，過去更多是原則性闡述，展示國家的宏觀政策方向。至於這次，則使用了非常具體的內容來取代，把香港問題的核心：兩地民眾的融合，看得更加清楚。正因如此，公報所傳達出來的主要思想也不相同：在國家的經濟發展中，香港如何發揮其應有的功能和作用、如何讓民眾能夠融入整個國家的發展，享受成果。

此外，香港作為全國最國際化的城市，對於國家的對外開放也應該有著指標性的意義。在這方面，香港如何起著示範、參考和指導性作用，正是會議的期望。把上述兩點貫徹好，也就是香港發展的機遇，內部問題也期望能夠隨之迎刃而解。

港珠澳大橋連接香港、澳門和珠海，涉及兩個特別行政區和廣東省的三套制度。所以在興建過程中，除了要克服技術困難之外，更加需要整合三套制度。大橋的順利落成，也就意味著對於三地三套施工標準的融合。香港主要參照的是英國和美國的標準、澳門的是歐洲標準、而珠海則是中國標準。在過程中，施工標準採取擇優擇高的原則。例如大橋的使用年限以120年為標準，便是按照香港的標準而定：在三套標準當中，香港的要求是最高的，相比內地對使用年限為100年，以及澳門沒有這方面的規定，香港標準的要求是最長的；基於擇高的原則，所以採用了香港的標準作為新標準。

這除了能夠提高中國國內日後的工程水平之外，更反映出「一國兩制」帶給國家的好處。通過興建港珠澳大橋，中國的團隊吸收了三地的制度，構建出一套已經糅合世界最主要行業標準的新中國標準，而且是處在世界最頂尖的水準。

中國制定新工程標準的重要意義，在於日後參建國際項目時，有能力直接輸出標準。從港珠澳大橋經驗而來的新中國標準，已經包含了不少國家的原有規則，而且更吸收了其他制度之長。「一帶一路」倡議不乏跨國跨地區的項目，這次工程當中港、澳、粵的三地協調經驗，更加為未來輸出協調能力提供了參考模式。當然這背後，還有深層次的中國人經驗、價值觀和文化的傳播。而隨著大橋建設完成，日後的營運、管理和保養維護等持續工作，也同樣需要這類制度融合和創新。

所以説，港珠澳大橋項目對於中國推動「一帶一路」倡議和基建能力的「走出去」，累積了非常具體和落地的實踐資源。

沿線國家簡介

蒙古國：草原之路與「一帶一路」

首都：烏蘭巴托
國家面積：1,564,116 平方公里
人口：3,060,100人

乘坐火車從中國前往蒙古國，到達邊境時火車便需要進入換輪場，更換車輪。這是因為中國鐵路採用國際標準軌，而蒙古國則跟隨俄羅斯採用寬軌設計。

不過這種情況正在改變。隨著蒙古國於2014年提出「草原之路」的倡議，希望加緊與中國「絲綢之路經濟帶」連接起來，兩條新建鐵路線：兩國邊界的塔溫陶勒蓋－嘎順蘇海圖、霍特－畢其格圖新鐵路，將統一使用與中國相同的路軌標準。

蒙古國的構想，意在構建該國成為接連亞歐的交通樞紐。蒙古國處於「一帶一路」西出的起點，有獨特的地理優勢。中、蒙、俄的經濟走廊，將使三國跨境運輸便利化，強化蒙古國對中國的出口。

「草原之路」的核心項目，包括新建連接中俄並途經蒙古的五大通道：將近1,000公里的高速公路、約1,100公里的電氣化鐵路、電力網絡、天然氣和石油氣管道。

蒙古國其實擁有豐富的礦產資源和能源，可惜交通等基礎設施落後，大大制約了其發展。近年該國面對外國直接投資銳減的問題，經濟受到重創；外債比率已經高達國內生產總值的50%以上，政府財政陷入困境。

在2015年的上海合作組織烏法峰會上，中、蒙、俄三國元首舉行第二次會晤，繼續深化這個計劃。蒙古國政府已於2014

年9月，責成經濟發展部成立專門工作組，負責制定「草原之路」倡議。

但是，中國在蒙古國的發展也不是一帆風順的。例如中蒙商談多年的TT礦合作，最終因蒙古國的國內政治矛盾而被拖延。這是一個反映，中國在「走出去」的時候，如何協調好外國國內的政治關係、建立和諧的文化交融、處理好環境保育，均直接影響到合作的成敗。

② 俄羅斯：特殊持份者

首都：莫斯科
國家面積：17,124,442 平方公里，包括克里米亞半島
人口：146,350,000人

俄羅斯在整個「一帶一路」中的角色是很特別的。首先，俄國是整項戰略構想中所涉及的最大國家。中、俄兩國的關係，足以牽動全球局勢。

中國在構建「一帶一路」時，除了打通地理上的互聯互通之外，還組建了一系列相關配套制度，例如亞洲基礎設施投資銀行（亞投行）、金磚國家開發銀行等等。其中，俄羅斯是亞投行的第三大出資國，也是金磚銀行的成員國。此外，兩國還共同創建了投資基金，再以這個基金參與絲綢之路的一些基建項目。

中國提出絲綢之路經濟帶，通過俄羅斯和中亞。該地區不但是俄國的傳統力量範圍，也涉及到俄羅斯提出構建的「歐亞經濟聯盟」（一個由俄羅斯多年來主導建立的由俄羅斯、

白俄羅斯、哈薩克斯坦組成的經濟體，有人稱之為「小蘇聯」）。所以在普京對「一帶一路」表現積極態度之前，曾有人擔心二者會否出現矛盾，如果「一帶一路」沒有得到俄國的接受或認可，是很難順利推展的。絲綢之路經濟帶和歐亞經濟聯盟能夠緊密結合，不單具有標誌性意義，也說明中、俄已經達成共識。同時俄羅斯在「一帶一路」的持份者角色，也比其他國家有其特殊之處。

③ 哈薩克斯坦：光明大道與「一帶一路」

首都：阿斯塔納
國家面積：2,724,900 平方公里
人口：17,062,000人

哈薩克斯坦在「一帶一路」的發展中具有十分特殊的地位。習近平主席正是在2013年9月外訪該國時，首次提出共建絲綢之路經濟帶的主張的。

近年，哈薩克斯坦總統納扎爾巴耶夫正著手規劃該國經濟的長遠發展，提出名為「哈薩克斯坦2050」的發展戰略構想，這與習近平主席提出的「中國夢」構想在內涵和時間上高度契合。其中的具體措施，便包括了「光明大道」計劃。

哈薩克斯坦計劃以「光明大道」對接中國的「一帶一路」。整個「光明大道」新經濟政策主要分為兩部分：第一部分是基礎設施建設，包括交通物流、工業、電力、旅遊、教育、住宅物業現代化及支持經營主體發展七個方向；第二部分是構建新的反危機措施，例如支持民族機械製造業和出口、發展農工綜合體、信貸住宅項目和保護投資股份、發展產品

質量基礎設施、開展地質勘探，以至「2020年商業發展路線圖」等等。

事實上，「光明大道」和「一帶一路」有很多契合點，例如「西歐－中國西部」交通走廊、跨境鐵路、天然氣管道等項目。這可能是兩個高度互補的經濟體之間最富想像力的一次巧遇。

但是令人擔憂的一點是，現任總統已經年屆七旬，自1991年前蘇聯解體、哈薩克斯坦獨立建國後，一直擔任總統至今，後政治強人的接班人問題，可能會是哈薩克斯坦的不穩定因素。此外，哈薩克斯坦國內目前有一百二十多個民族，其中主要的哈薩克族佔65%，俄羅斯族佔22%；哈薩克族多信奉伊斯蘭教遜尼派，俄羅斯族多信奉東正教。民族問題和美俄關係一旦處理不善，可能會演變成烏克蘭的下場。

④ ## 烏茲別克斯坦：從古絲路到現代絲路的重鎮

首都：塔什干
國家面積：447,400 平方公里
人口：30,911,000人

烏茲別克斯坦是中亞一個很重要的國家。早於古代，該國已經是「古絲綢之路」的必經之地，撒馬爾罕、布哈拉、希瓦，都是絲綢之路上的歷史名城。早在上世紀九十年代，卡里莫夫總統就提出復興「絲綢之路」的設想。

烏茲別克斯坦之所以積極拓展對外聯繫，地理因素是主要考慮。烏茲別克斯坦是全球僅有的兩個「雙內陸國」之一，遠離出海口，相對封閉。所以必須通過「絲路帶」和歐亞地區

互聯互通，才能發揮其中亞地區交通樞紐的作用。

烏茲別克斯坦可以說是中亞五國最有發展活力的國家。該國是五國中第一個建成高速鐵路的國家，連接首都塔什干到歷史名城撒馬爾罕。對於中國提出興建的中亞高鐵網，烏茲別克斯坦和土庫曼斯坦也是中亞國家當中最積極參與的國家。這條連接中國西部和中亞國家的高速鐵路，中俄段已鋪設，中亞國家則正在籌建中。建成後最終可能會與歐洲鐵路網連接，時速計劃達350公里。另外，烏茲別克斯坦的經濟增長率自從2006年起，平均保持在8%以上。

中國和烏茲別克斯坦的經貿合作很多。在油氣領域，中亞－中國天然氣管道A、B、C線均已建成通氣，過境烏茲別克斯坦，計劃中的D線管道也將通過烏茲別克斯坦，可見其重要性。在基礎設施建設方面，雙方正合作落實烏茲別克斯坦－土庫曼斯坦－伊朗－阿曼－卡塔爾交通走廊。在投資領域，烏茲別克斯坦設立了納沃伊、安格連、吉扎克、鵬盛等工業園區，吸引中國投資。在山東省日照市舉行的中國－中亞論壇上，中、烏雙方就簽署了在「絲路帶」框架下擴大兩國經貿合作的備忘錄。

⑤ 吉爾吉斯斯坦：多部落的「中亞明珠」

首都：比什凱克
國家面積：199,900 平方公里
人口：5,934,400人

吉爾吉斯斯坦與中國新疆西部相連，是「一帶一路」通往中亞的門戶。這是一個很原始的高山國家，風光秀美，素有

「東方瑞士」的美譽，是世界上擁有海拔2,000米以上湖泊最多的國家。可是它的經濟發展水平卻比較落後，僅佔中亞五國GDP總量的2.2%。僑匯是吉爾吉斯外匯收入的主要來源之一，佔國內生產總值的30%，當地人多到俄羅斯、哈薩克斯坦和美國打工。

在很大程度上，當地社會仍然處於以血緣關係為基礎的氏族、部落及部落聯盟狀態。全國共有八十多個民族，其中比較大的包括吉爾吉斯族、烏茲別克族、俄羅斯族等等。多數居民信奉伊斯蘭教遜尼派，其次為東正教和天主教。吉爾吉斯斯坦各地區與各民族之間，在國家的發展思路上存在重大差異。居住在費爾幹納盆地、阿賴山下的南方人與塔吉克人、烏茲別克人關係密切，是虔誠的穆斯林，主張與穆斯林國家發展關係，並使國家伊斯蘭化，經濟落後。居住在楚河谷地、伊塞克湖、塔拉斯的北方人則與南西伯利亞民族相接近，主張與俄羅斯、哈薩克斯坦維持緊密聯繫，實行國家的世俗化，經濟相對發達。除了南北部族矛盾之外，吉爾吉斯－烏茲別克族裔、奧什－賈拉拉巴德部族、楚河－塔拉斯部族的衝突，是吉爾吉斯斯坦的另一內患。

就連政治制度上，吉爾吉斯斯坦雖然實行多黨制，但卻跟我們所理解的多黨制有著本質上的不同：那是一種建立在部族之上的多黨制，全國一百四十多個政黨，均圍繞著部族或是部族強人組建，代表著部族的利益。

吉爾吉斯斯坦的有色金屬儲量豐富，特別是黃金，達到二千一百多噸，居世界第22位。中國是吉爾吉斯斯坦第二大貿易夥伴國和第二大進口來源國，對吉爾吉斯斯坦的年度投資流量接近8,000萬美元，但是由於貿易過份單一集中

在金屬和能源，所以波動也比較厲害。2014年兩國雙邊貿易額比前年下降了15%，為六十多億元人民幣，這情況在中國的貿易國中是比較少見的。此外，中、吉兩國的合作也不僅限於經貿方面，2015年9月，中國和吉爾吉斯斯坦正式簽定援助建設吉國農業灌溉設施的項目，標誌著兩國關係的進一步加深。

⑥ 塔吉克斯坦：和平的挑戰

首都：杜尚別
國家面積：143,100 平方公里
人口：8,617,000人

2015年9月，俄羅斯首屆東方經濟論壇在遠東最大城市符拉迪沃斯托克（海參崴）舉行，會上普京總統宣佈了數個大型遠東投資項目，標誌著俄羅斯對遠東的大規模開發計劃邁出實質步伐。而中國對此表現出積極響應，也成為兩國在「一帶一路」和「歐亞經濟聯盟」對接合作發展的新亮點。

可是中、俄兩國在中亞和遠東區域的合作發展，除了經濟之外，更會面對和平局勢的嚴峻挑戰，其中塔吉克斯坦是一大關鍵。

有「高山之國」之稱的塔吉克斯坦，名副其實境內多山，佔國土面積超過93%。相比中亞五國的其他四國，塔吉克斯坦比較貧窮和積弱，然而其地理位置卻極為重要：東與中國新疆接壤、南與阿富汗接壤、西部和北部鄰國是烏茲別克斯坦和吉爾吉斯斯坦。該國位處中亞和南亞的交接地帶，因此成為了防止阿富汗戰火向中亞蔓延的前哨，也是防止伊斯蘭原

教旨主義和毒品走私進入中亞的前沿陣地。

塔吉克斯坦也是中亞五國唯一爆發過內戰的國家。自從前蘇聯瓦解以後，至1997年左右才恢復和平。當時的實際GDP僅為1991年的39%，到2013年才恢復至1990年代獨立初期的水平。自2007年開始中國和塔吉克斯坦經貿發展迅速，到2011年，中國已經成為該國第二大貿易夥伴和最大出口市場，增長速度為中亞五國之首。

中國要跟塔吉克斯坦這個唯一的非突厥族中亞國家共建「絲綢之路經濟帶」，首個挑戰是防止所謂的「三股勢力」（宗教極端勢力、民族分裂勢力、國際恐怖勢力）破壞地區和平。

⑦ 土庫曼斯坦：絲綢之路號啟程

首都：阿什哈巴德
國家面積：488,100 平方公里
人口：5,412,600人

2014年12月初，在土庫曼斯坦巴爾幹州土伊邊境的阿基亞伊拉村，一列名為「絲綢之路號」的列車載著貨物啟程前往伊朗，絲綢之路上「哈薩克斯坦－土庫曼斯坦－伊朗」國際鐵路中的土－伊段至此全面貫通。在此前一年，即2013年中，土庫曼斯坦和哈薩克斯坦的鐵路已全面竣工，從此打通了從中國連雲港，通過新疆到哈薩克斯坦，再到土庫曼斯坦的鐵路交通。其中在土庫曼斯坦的鐵路營運中，大量使用中國機車，在過去十年間，土庫曼斯坦已經從中國進口了超過200輛鐵路機車。

土庫曼斯坦和中國是沒有共同邊界的，可是土庫曼斯坦卻是對「一帶一路」最為積極的國家之一。除了於2015年跟中國合作，成立了青海省駐土庫曼斯坦經貿聯絡處之外，還確定土庫曼斯坦的列巴普州和中國的山東省結為友好省區。

雙方經貿除了天然資源外，另一個重點是清真食品。當地人民以土庫曼族為主，佔約90%，大多信奉伊斯蘭教。青海省現正大力發展現代化生產、包裝的清真食品，爭取成為世界最大的清真食品生產基地。事實上，青海以回族為主要人口的市場，加上畜牧業和食物生產的基礎，已具備一定條件，更受益於「一帶一路」。把食品出口至土庫曼斯坦，除了看上當地市場，更重要是通過該國把產品輸往潛力龐大的中東地區。

⑧ 烏克蘭：亞歐的橋樑

首都：基輔
國家面積：603,700 平方公里
人口：42,544,000人

談及烏克蘭，在首都基輔，有三個出名的「多」：美女、餃子、中國汽車。

對於「三多」，美女不用多說；餃子方面，烏克蘭可能是除了中國北方之外最喜歡吃餃子的地方，種類多不勝數；至於中國汽車，近年在烏克蘭也廣受歡迎。除了吉利較早進入該國市場，在2014年，幾個新進軍該國市場的品牌均獲得不俗的銷售，比亞迪同比增長143.9%、長城同比增長54%等等。

烏克蘭一直是歐洲一個十分重要的國家，素有「歐洲糧倉」的美譽，是世界上第三大糧食出口國。該國工農業也很發達，農業產值佔國內生產總值20%左右，而重工業在工業中佔主要地位。

烏克蘭位於歐洲東部，是歐洲除了俄羅斯之外領土面積最大的國家，前蘇聯的15個加盟共和國之一。烏克蘭人屬斯拉夫族，大多信奉東正教和天主教。烏克蘭東連俄羅斯，南接黑海，北與白俄羅斯毗鄰，西與波蘭、斯洛伐克、匈牙利、羅馬尼亞等國相連。由於地理位置極其重要，是歐盟和獨聯體國家地緣政治的交叉點，所以成為了美、俄角力的場所。

在與中國構建「一帶一路」的藍圖中，烏克蘭其中一個嚴峻的挑戰是如何處理好與俄羅斯跟北約國家兩股勢力的關係。

⑨ 白俄羅斯：萬湖之國

首都：明斯克
國家面積：207,600 平方公里
人口：9,327,200人

中國提出建設「絲綢之路經濟帶」的倡議，跟白俄羅斯提出的「加速一體化進程」有異曲同工之處。現時，白俄羅斯與俄羅斯和哈薩克斯坦共同建立了關稅同盟，也正跟中國共同建設「巨石工業園區」，這是絲綢之路經濟帶中的一個重要組成部分。

白俄羅斯位於絲綢之路商旅之上，地處波羅的海及黑海之

間，並與俄羅斯聯邦有著緊密的地理淵源，希望借助自己這個歐洲腹地的地理位置，打造成為亞洲通往歐洲的重要戰略支點。

白俄羅斯是前蘇聯時期工業基礎較好的地方，其中包括機械製造業、冶金加工業、機床和激光技術等比較發達的工藝。其中，白俄羅斯和中國合作製造的大型農機裝備生產線，早已出口蘭州。另外，當地的農業和畜牧業也很發達。

白俄羅斯全境擁有總面積超過2,000平方公里的湖泊一萬多個，最大的納拉奇湖面積達80平方公里，因此享有「萬湖之國」的美譽。另有該國還擁有一百三十多個水庫、二萬多條大小河流，其中六條更超過500公里。

⑩ 立陶宛：與俄國爭雄的猞猁

首都：維爾紐斯
國家面積：65,300 平方公里
人口：2,954,900人

立陶宛是一個擁有輝煌文明的歷史古國，早於十三世紀已經建立了統一的立陶宛大公國，並長時間與俄羅斯在北歐和東歐爭雄。十四至十五世紀，立陶宛大公國幅員遼闊，包含了西俄羅斯、烏克蘭和白俄羅斯。1558至1583年，立陶宛跟俄國進行了立窩尼亞戰爭，並先後遭到俄羅斯帝國和前蘇聯的吞併。1990年宣佈脫離蘇聯獨立，之後加入歐盟和北約，2015年1月1日加入歐元區成為第19個成員國。

立陶宛的食品加工、木材加工、交通物流、生物技術和激光技術等產業強勁，可是該國資源比較貧乏，主要只有西部地

區和波羅的海大陸架的石油、泥煤、建築用石膏、石灰石、粘土和砂石等，東南部有鐵礦和花崗岩，還有白雲石、礦泉水、地熱等資源。

立陶宛對「一帶一路」態度積極，2015年7月曾跟中國合作，在立陶宛港口城市克萊佩達召開論壇，主要探討區域性交通樞紐中心、商貿物流中心、文化科教中心、金融中心和醫療服務中心的合作。

⑪ 拉脫維亞：波羅的海出海口

首都：里加
國家面積：64,600 平方公里
人口：1,986,100人

在拉脫維亞的人口中，女性佔54%，是世界上男女比例差別最大的國家。這個前蘇聯加盟共和國，連同愛沙尼亞和立陶宛，並稱為「波羅的海三國」。「拉脫維亞」的國名源自民族語「鎧甲」、「金屬製的服裝」的意思。

受天然資源及氣候等因素的影響，該國的發展一直受到限制。在第一次世界大戰和俄國革命後，更被前蘇聯吞併，直至1991年前蘇聯解體，拉脫維亞才再次獨立。

1990年，拉脫維亞的國民生產總值佔全蘇聯的1.2%，居第11位。獨立後的拉脫維亞經濟形勢依然嚴峻，特別是1992年，人民生活水平嚴重下降。2008年，國際金融危機重創該國經濟，GDP連續兩年下降達20%。2009年，接受國際貨幣基金組織、歐盟委員會和瑞典等國75億歐元貸款援助。

2010年，經濟緩慢復蘇，並於2014年1月1日成為歐元區第18個成員國。

1991年9月，拉脫維亞同中國建立大使級外交關係。1992年1月，中國在拉脫維亞設立大使館。同年1月底，拉脫維亞政府與台灣當局簽署「建立領事關係的聯合聲明」，不顧中國的嚴正交涉，又於2月上旬允許台灣在里加開設「總領事館」，中國政府於是決定把大使館撤出。1994年7月，拉脫維亞政府代表團前往北京，承諾斷絕同台灣的領事關係，支持中國在台灣問題上的一貫立場；28日，中、拉雙方在北京簽署了關於兩國實現關係正常化的聯合公報，拉脫維亞宣佈自公報簽字之日與台灣中止「領事關係」。同年8月，中國大使館在里加恢復工作。

拉脫維亞西瀕波羅的海，又是三國當中擁有最長海岸線的國家。所以不僅在經濟上是前蘇聯西部通往西歐的重要出海口，更是當時波羅的海艦隊司令部的所在地，戰略位置極其重要。可是由於面積和人口小（佔蘇聯不到1%），又屬於少數族群（波羅的人），所以政治地位一直欠佳。

2009年8月31日，國務院副總理回良玉應拉脫維亞總理東布羅夫斯基斯的邀請，訪問了拉脫維亞首都里加。拉脫維亞視中國為重要戰略合作夥伴，同意加強與中國的政治交往，在經貿、港口和陸地交通運輸、醫藥等領域開展進一步的合作，加強兩國立法機構的交往。

拉脫維亞礦產資源貧乏，是個資源小國，但卻擁有豐富的森林資源，森林覆蓋面積佔國土面積的40.2 %。在「一帶一路」中，拉脫維亞十分重視和中國加強港口及陸地交通運輸。另外，醫藥等領域也有進一步合作的空間。

⑫ 愛沙尼亞：波羅的海之虎

首都：塔林
國家面積：45,100 平方公里，包括在波羅的海的1,520個島嶼
人口：1,303,600人

愛沙尼亞坐落在波羅的海沿岸，是東歐「波羅的海三國」之一。按波羅的語解讀「愛沙尼亞」，寓意即為「水邊居住者」。該國擁有眾多仍處於原始狀態的森林、湖泊和沼澤，森林覆蓋率高達48%，空氣質量也在世界衛生組織的監測中排名第一，當之無愧地成為了波羅的海沿岸的璀璨明珠，旅遊業也非常發達。

愛沙尼亞原屬前蘇聯，於1991年宣佈獨立。近十年相繼加入北約和歐盟，積極引入芬蘭等北歐國家的投資，發展外貿合作。2000年之後，愛沙尼亞的經濟增長率達到7%，其中在2003至2007年間，更是歐盟經濟增長率最高的國家之一。同時，愛沙尼亞還十分重視高科技的應用，計算機的普及率高於德國和法國等先進國家。鑒於愛沙尼亞迅猛的經濟增長和發達的信息科技，近年被歐洲人稱為「波羅的海之虎」。

愛沙尼亞和中國之間的合作，已簽署多份政府間的經濟貿易協議、投資保護協議、避免雙重徵稅協議等等，締造了兩國快速發展的經貿關係。2014年兩國的雙邊貿易額為13.72億美元，同比增長4.7%，而中國自愛沙尼亞的進口額更是猛增13%，主要產品包括機械製造、木材加工、建材、電子、紡織、食品加工業和油葉岩等等。

波蘭：蓉歐快鐵

首都：華沙
國家面積：312,685 平方公里
人口：38,438,000人

在波蘭首都華沙西南一百多公里，有一座名叫羅茲的城市。在中國，一列名為「蓉歐快鐵」的國際快速貨運鐵路班車從四川成都出發，經過新疆阿拉山口出境，途經哈薩克斯坦、俄羅斯、白俄羅斯三國，長途跋涉10,000公里，抵達羅茲。在這裡，小部分的貨物由羅茲當地商家直接取走，大部分則繼續運抵其他歐洲國家。這趟列車已經正式開通雙線行車。

「蓉歐快鐵」是中國到歐洲最快的鐵路貨運固定班列，剛開通時全程需要行走14天，現在已經縮短至兩天。自從共建「一帶一路」的倡議提出後，像蓉歐班列這樣直接在中國和歐洲城市之間行駛的列車大幅增加，重慶、鄭州、義烏、武漢、蘇州等十幾個城市都開通了類似列車。根據統計，中歐列車已經開行21列。同時，波蘭更正在建設一個聯運站，把來自不同地方的貨物併箱後再出口到中國，辦理手續的時間也將大幅縮短。波蘭期望羅茲可以成為中國商品和服務進入波蘭和中東歐市場的門戶，成都也能夠成為波蘭及歐盟產品進入中國及東南亞市場的橋頭堡。現在，波蘭向中國出口的主要有農副產品、葡萄酒、牛奶和蔬菜等。

2014年，兩國貿易額為171.95億美元，同比增長16.1%，其中波蘭對華出口29.37億美元，同比增長31.5%。波蘭對華出口的快速增長，預示著鐵路運輸貿易的巨大潛能。

此外，兩國之間還有一條華沙與蘇州之間的鐵路運輸線。中國成都和蘇州、波蘭羅茲和華沙，這幾座相距萬里的城市，就這樣由鐵路聯繫起來了。在2013年，成都和羅茲市正式結為友好城市關係，並已互設代表處。

在六十多個「一帶一路」沿線國家中，中東歐國家佔了四分之一。而波蘭除了是該區域內最重要的國家之外（國土面積最大，且擁有連續達20年的經濟增長），更是最積極參與的國家之一。

⑭ 捷克：發達的中歐明珠

首都：布拉格
國家面積：78,866 平方公里
人口：10,460,000人

捷克是一個中歐地區的內陸國家，曾經與斯洛伐克組成「捷克斯洛伐克」。捷克斯洛伐克於1993年1月1日分裂為捷克和斯洛伐克兩個國家，捷克成立了獨立的捷克共和國，並於當日同中國建立了大使級外交關係，多年來雙邊關係保持良好。

捷克自身的發展水平在中歐地區處於領先地位，2006年被世界銀行列入發達國家的行列。在東歐的國家中，捷克擁有很高水平的人類發展指數，同時國土的森林覆蓋率高，風景優美。發達的經濟輔以良好的環境，捷克無疑是中歐的一顆耀眼明珠。

然而就在這樣的一顆明珠上，也有少許陰霾，那就是捷

克歷史上複雜的少數民族問題，始終是這個國家的隱患。其癥結就在於斯洛伐克民族和日耳曼民族不接受統一的民族國家構想，要求獨立的呼聲一直沒有停歇。在這種背景下，捷克和斯洛伐克在1993年分離。然而，捷克的民族問題並沒有因分離而完全解決，獨立後的捷克社會仍然面臨著羅姆人融入的民族問題。

捷克本國的經濟結構對於貿易十分倚重，在中國出台「一帶一路」政策後，捷克十分積極投入其中，期望能夠展開多領域的合作。目前，中國和捷克在「一帶一路」的戰略背景下開通了北京和布拉格的直通航班，同時中捷兩國也準備通過「中國－中東歐國家合作」（「16＋1」機制）展開更加全面的合作。

⑮ 斯洛伐克：風景如畫的城堡之國

首都：普萊斯堡
國家面積：49,033 平方公里
人口：5,432,900人

斯洛伐克在歷史上與捷克曾經同為一國，因此兩國在各方面都多有淵源。但跟捷克一直以來工業基礎雄厚不同的是，斯洛伐克早年為農業區，基本沒有工業。捷克斯洛伐克共產黨執政期間，在斯洛伐克逐步建立了鋼鐵、石化、機械、食品加工及軍事工業，縮小了同捷克在經濟上的差距。1993年1月斯洛伐克獨立後，推行市場經濟，加強宏觀調控，調整產業結構，不斷加強法制建設，改善企業經營環境，大力吸引外資，逐漸形成以汽車、電子產業為支

柱，出口為導向的外向型市場經濟。

斯洛伐克地勢北高南低，風景優美，氣候宜人，歷史文物豐富。同時，斯洛伐克是世界上城堡數量最多的國家之一，從古城堡遺跡到保存完好的博物館收集品一應俱有。斯洛伐克境內有大約180處登記受保護的城堡和遺跡，還有大約1,200處莊園房屋和高樓，多數城堡都伴隨著有趣的傳說和神話，例如，特倫欽城堡就有一段斯洛伐克傳奇的愛情故事。數量眾多的城堡以及這些城堡所蘊含的文化為這個發達的中歐小國平添了諸多引人入勝的魅力，故可稱之為風景如畫的城堡之國。

自1993年中、斯兩國正式建立外交關係後，維持著良好的雙邊關係，兩國領導人進行了多次互訪，極大的促進了兩國關係的發展。截至目前，中國是斯洛伐克第十大出口目的地和第九大進口來源地；斯洛伐克則是中國在中東歐地區第四大貿易夥伴，亦是對華出口和順差最多的中東歐國家。在經濟交流的基礎上，中、斯分別在1993和1994年簽署了文化和教育合作的協定，並在1997年建立了科技合作關係，同時兩國體育界也有著較為頻繁的溝通和互動。可以說，中、斯兩國的交流與合作是多層次和多方面的。隨著中國提出的「一帶一路」倡議的推進，「營口港－斯洛伐克·多布拉」中歐國際直達班列於2015年8月6日正式開通運行，這將進一步落實「一帶一路」互聯互通的戰略目標，並有力加強中、斯兩國在「一帶一路」倡議上的交流與合作。

匈牙利：「一帶一路」在東歐的中心

首都：布達佩斯
國家面積：93,032 平方公里
人口：9,853,400人

匈牙利一直是中國在中東歐地區最重要的貿易夥伴。在「一帶一路」的大背景下，兩國已於2015年6月簽署了《中華人民共和國政府和匈牙利政府關於共同推進絲綢之路經濟帶和二十一世紀海上絲綢之路建設的諒解備忘錄》，這是中國跟歐洲國家簽署的第一個此類合作文件。根據《備忘錄》的精神，雙方將著重加快推進匈塞鐵路、中歐陸海快線等重大基礎設施項目的建設，使之成為「一帶一路」的旗艦項目。

一首《匈牙利圓舞曲》體現了這個國度開放、充滿活力的性格特色。起源於遊牧民族的匈牙利地處歐洲中部，全境地勢平坦，依山傍水，西部是阿爾卑斯山脈，東北部是喀爾巴阡山，著名的多瑙河從斯洛伐克南部流入匈牙利。得天獨厚的地理條件賦予了匈牙利秀美的山河景色。

匈牙利農業基礎良好、工業發達，引人注目的山川景色也使匈牙利的旅遊業極具影響力。多年來，匈牙利是中東歐地區人均吸引外資最多的國家之一，憑藉自身較好的經濟基礎和得天獨厚的地理位置，一直是中東歐地區最重要的交通樞紐。同時，匈牙利也把物流業作為國家的戰略發展方向，不斷強化相關基礎設施，已經形成多式聯運的物流中心，使得匈牙利在中東歐地區的交通樞紐地位非常穩固。

克羅地亞：民族衝突的悲歌

首都：薩格勒布
國家面積：56,538 平方公里
人口：4,254,600人

克羅地亞位於歐洲東南部，地中海及巴爾幹半島潘諾尼亞平原的交界處。由於地處地中海沿岸，屬典型的地中海氣候，且風景秀麗，克羅地亞一直以來都是地中海旅遊勝地。

這樣一個風景秀麗的旅遊勝地，卻由於民族問題屢遭戰火侵襲。自上世紀八十年代開始，克羅地亞人和塞爾維亞人之間的矛盾不斷升溫，政治局勢日趨緊張。在1990年克羅地亞第一次全民投票中，主張自治的克羅地亞民主聯盟的勝利，更加激化了民族之間的矛盾。1991年5月，克羅地亞進行獨立公投，在塞族人的抵制下，獨立一方仍以絕對優勢勝出。6月底，克羅地亞宣佈獨立，兩族人之間立即爆發流血衝突，是為克羅地亞戰爭。武裝衝突一直持續到1995年，該年8月，克羅地亞政府軍佔領了塞族共和國部分地區，12月各方簽署《岱頓協定》，衝突正式結束。1998年，所有塞族地區重歸克羅地亞。

戰火平息之後，得益於原本較為完備的經濟基礎，該國的經濟逐步恢復，成為一個高收入市場經濟體。克羅地亞經濟以第三產業為主，第二產業為副，旅遊業是國家經濟的重要組成部分。

中國和克羅地亞一直維持著良好的外交關係，1992年4月27日，中國承認克羅地亞共和國，同年5月13日，中克兩國建交。2005年5月，兩國更建立了全面合作夥伴關係。

⑱ 波黑：薩拉熱窩的羅密歐與朱麗葉

首都：薩拉熱窩
國家面積：51,197 平方公里
人口：3,835,300人

波黑這個國家的範圍十分混亂，通常的意義上是指波斯尼亞和黑塞哥維那，一般簡稱為「波黑」。波黑位於原南斯拉夫中部，介於克羅地亞和塞爾維亞兩共和國之間。波黑原屬南斯拉夫，於1992年獨立成國。

波黑地處的巴爾幹半島以歐洲火藥庫聞名，而波黑更可以說是這個火藥庫之中的火藥桶。歷史上，波黑戰亂頻繁，複雜的民族情勢使該國成為了多次戰爭和動亂的發源地，第一次世界大戰的導火線即在波黑的薩拉熱窩正式點燃；1992年波黑從前南斯拉夫獨立後，錯綜複雜的民族對立更直接導致了流血衝突。就在歐洲共同體承認波黑獨立的當天，其境內五個塞爾維亞人自治區宣佈聯合成立塞族共和國，獨立於波黑之外，但依然留在南斯拉夫社會主義聯邦共和國。塞爾維亞人的行動立即招致了波黑政府的鎮壓，駐紮在波黑境內的南斯拉夫人民軍亦遭到穆斯林和克羅地亞兩族武裝部隊的攻擊。武裝衝突驟然升級，衝突由首都薩拉熱窩向外蔓延，釀成全面內戰。

1994年3月，波黑境內的穆斯林和克羅地亞人雙方同意共組聯邦，以共同對抗境內的塞爾維亞人。1995年12月各方簽署《岱頓協定》，結束內戰，並把波黑分為波黑聯邦以及塞族共和國兩個政治實體。在這次的內戰中波黑境內共有20萬人死亡，超過200萬人流離失所。

1992年5月波黑加入聯合國時，中國作為共同提案國予以支持，事實上承認了波黑。同年6月和1995年3月，西拉伊季奇分別以波黑外長和總理身份兩次非正式訪華。隨後在1995年4月3日，中國和波黑建立大使級外交關係，跟該國各民族的關係比較穩健。

⑲ 黑山：南斯拉夫歷史的見證者

 首都：波德戈里察
國家面積：13,812 平方公里
人口：604,250人

黑山位於巴爾幹半島西南部，是亞得里亞海東岸上的一個多山小國。其東北為塞爾維亞，東為科索沃，東南為阿爾巴尼亞，西北為波黑以及克羅地亞，西南部為地中海的一部分——亞得里亞海。

1945年，黑山成為了南斯拉夫的一個加盟共和國，1991到1992年間，隨著南斯拉夫四個加盟共和國的相繼獨立，黑山和塞爾維亞成為了南斯拉夫僅存的兩個成員。1992年4月27日，塞爾維亞和黑山兩個共和國聯合組成南斯拉夫聯盟共和國（簡稱「南聯盟」）。2003年2月4日，南聯盟議會通過《塞爾維亞和黑山憲章》，改國名為「塞爾維亞和黑山」（簡稱「塞黑」）。根據該憲章，兩個共和國在2006年2月之後有權通過全民公決確定是否獨立。2006年5月21日，黑山舉行全民公決，正式計票結果為，參加投票的選民中有55.5%支持獨立，超過黑山全民公決法案規定的獨立標準的55%。2006年6月3日，黑山宣佈獨立。可以說，黑山共和國見證著前南斯拉夫從建立到加盟共和國紛紛獨立的全過程。

中國和黑山的關係發展良好，雙方在經貿、文化、旅遊等各領域的交流與合作成效顯著。中國公司正在參與建設歐洲11號走廊E-763高速公路上的兩段公路，接通塞爾維亞以及向東的路線。公路完成後，將可以跟現有的從黑山海岸到中歐的道路網相連接，成為絲綢之路西向連接希臘等南歐洲地區的又一條幹線。

⑳ 塞爾維亞：色彩斑斕的「寧波裝」

首都：貝爾格萊德
國家面積：77,474 平方公里，不包括科索沃
人口：7,090,000人

塞爾維亞位於歐洲東南部，是巴爾幹半島中部的內陸國。歷史上的塞爾維亞王國由南斯拉夫人於公元六世紀建立，十四世紀時國力最為強盛，後來卻分裂成許多小公國。

地處巴爾幹半島的塞爾維亞一直以來都受到地緣、宗教和民族等問題的困擾，頻頻爆發衝突。第一次世界大戰就是由塞爾維亞開啟戰端，在二戰中塞爾維亞也受到了嚴重的破壞。戰後，在前蘇聯的支持下，塞爾維亞和其他五個加盟共和國組成南斯拉夫，在鐵托將軍的帶領下，大力發展經濟，在各方面都有了長足發展，成為當時東歐陣營中比較富裕的典範。然而，鐵托去世後，南斯拉夫的民族矛盾開始激化，各加盟共和國紛紛獨立，1999年更是爆發了科索沃戰爭。戰爭中，塞爾維亞各方面均遭到沉重打擊，最終以國際社會接管科索沃告終。隨後，原來由塞爾維亞和黑山組建的南聯盟，分別變更為塞爾維亞和黑山共和國。

隨著黑山的獨立，塞爾維亞各方面局勢趨穩，近年來經濟增長較快，2006年經濟增長率達到6.3%，近年被一些人稱之為「巴爾幹之虎」。

寧波和塞爾維亞的諾威薩是「姐妹城市」，而塞爾維亞的傳統民族服裝色彩斑斕，在這個基礎上撮合了兩地設計師和服裝品牌的合作，出現了一種充滿著濃郁東歐風情的所謂「寧波裝」潮流。

㉑ 阿爾巴尼亞：碉堡之國

首都：地拉那
國家面積：28,748 平方公里
人口：3,195,900人

阿爾巴尼亞位於東南歐的巴爾幹半島西岸，北面是塞爾維亞和黑山，西瀕亞得里亞海，與意大利隔海相望。阿爾巴尼亞是歐洲最不發達和低收入的貧困國家之一，全國一半的人口依然從事農業種植，儘管近些年已有少許改變。

阿爾巴尼亞是世界上人均碉堡最多的國家，因而有「碉堡王國」的稱號。上世紀六十年代初，作為歐洲「社會主義明燈」的阿爾巴尼亞曾在政治上既反美又反蘇，同時與意大利、希臘、南斯拉夫等鄰國也存在歷史宿怨或者領土糾紛，可說四面樹敵，令這個小小山國產生了強烈的不安全感。當時的政府提出「禦敵於國門之外」的口號，富有游擊戰經驗的他們「一手拿鎬，一手拿槍」，具體措施之一就是全民動員，建造碉堡。修建數量巨大並且堅固的碉堡，耗費了大量的人力物力財力，也一定程度上成為阿爾

巴尼亞貧困的原因。

中國和阿爾巴尼亞於1954年互派大使，可是期間也經歷了
一些波折。雙方目前簽有《貿易協議》、《關於鼓勵和相
互保護投資協議》、《關於對所得和財產避免雙重徵稅和
防止偷漏稅協定》，此外兩國早於1989年已經成立了政府
間的經濟技術合作委員會。

㉒ 馬其頓：「一帶一路」上的智慧之城

首都：斯科普里
國家面積：25,333 平方公里
人口：2,126,600人

提起馬其頓，很多人首先想到的就是古代曾經盛極一時的
馬其頓王國。只不過這裡所說的馬其頓共和國，跟古代的
馬其頓王國沒有任何關係。

馬其頓位於歐洲東南部的巴爾幹半島，是一個多民族的發
展中國家。馬其頓是前南斯拉夫的一個地區，自1993年獨
立以來，在經濟、政治、文化、社會管理等方面都取得了
不錯的成就。但跟諸多巴爾幹半島的國家一樣，馬其頓也
深受民族衝突的影響，2001年爆發的馬其頓族及阿爾巴尼
亞族的衝突，一度給馬其頓造成了危機和困擾。不過這次
衝突也使得馬其頓跟其他前南斯拉夫加盟國一樣，認識到
消弭民族隔閡、營造穩定發展環境的重要性。自此之後，
馬其頓開始了平衡兼顧各民族的舉措，創造了良好的發展
環境，成為了近年來歐洲經濟增長較快的國家之一。

現在中國和馬其頓最主要的合作，是海關機構合作框架

協議，以及關於基礎設施、能源、交通、工業及文化合作的協議。此外，還有一條十分重要的高鐵建設，南起希臘比雷埃夫斯港，途徑馬其頓首都斯科普里和塞爾維亞首都貝爾格萊德，北至匈牙利首都布達佩斯。這條鐵路將輻射3,200萬人口，建成後將大大促進中國和歐洲大陸的貿易往來，是「一帶一路」倡議的重要組成部分「中歐陸海快線」的標誌性工程。

馬其頓是中東歐和中國「16＋1」合作進程中，第一個向中國提出具體合作方案的國家。其中便提到希望大力引入中國高科技公司，建設該國成為「一帶一路上的智慧之城」。事實上，包括華為等一些中國企業已經在當地開始發展了。

㉓ 希臘：「一帶一路」的歐洲門戶

首都：雅典
國家面積：131,957 平方公里
人口：11,130,000人

希臘是南歐的門戶，也是歐洲和亞洲的交匯地帶，這種地區位置本身就決定了希臘在「一帶一路」中具有非常重要的戰略意義。通過希臘的地中海港口，便可以直通整個歐洲，是中歐貿易的重要通道。

陸上絲綢之路經濟帶從中國西北通向中亞地區，進一步向西延伸到西亞，再下一站，經過巴爾幹半島，便會來到希臘。同時，通過海上絲綢之路，沿著中國的東南沿海，經

過東盟地區，越過印度洋，穿越西亞地區、北非地區，也能夠到達希臘。所以這裡正是陸、海路的交匯點。

正是這個原因，無論是船舶製造還是海運物流業，都曾經是希臘非常具有競爭力和優勢的產業。可是隨著希臘加入歐盟之後，希臘的產業逐漸高度服務化，製造業的比重也隨之下降，在船舶製造和貨物運輸方面呈現下降的趨勢。其實這種情況不只是發生在希臘，整個歐洲，甚至美、日等發達經濟體，也面對同樣的情況。

相反，目前世界前十大吞吐量的貨櫃碼頭港口，大概有七個是中國的。在中、歐之間，歐洲是中國的最大出口目的地和最大的貿易夥伴。這形成了中國對歐洲的港口物流有很大的需求，尤其是在「一帶一路」的佈局下，使中國有了新的歷史機遇，增加在希臘的船舶製造和港口建設這些雙方傳統合作項目的進一步投資。

㉔ 保加利亞：巴爾幹的強國角力場

首都：索菲亞
國家面積：110,912 平方公里
人口：7,079,800人

巴爾幹半島一直被形容為歐洲的火藥庫。其中，保加利亞更是一個結合著歷史、貿易和戰爭的國度。在那個地區，曾經出現過鄂圖曼帝國和拜占庭帝國等等歷史上重要的政權，和保加利亞都曾經有關聯。

自六世紀有歷史記載以來，保加利亞一直都是東歐強國

（包括俄羅斯、蘇聯、土耳其鄂圖曼帝國）和其他歐洲強國（例如奧匈帝國、法國、德國）政治角力的平台。第一次世界大戰之前的巴爾幹戰爭，二戰之後成了蘇聯衛星國，乃至蘇聯解體之後靠攏和加入歐盟，都證明了保加利亞只是東、西歐強國爭鬥的棋子。

中國與保加利亞於1949年10月4日建交。五十年代，兩國關係發展順利，1952年簽定了兩國間第一個貿易協議。六十年代起，雙邊交往一度減少。自八十年代起，兩國各領域的交流與合作逐步增多，關係平穩發展。兩國簽署了鼓勵和保護投資協議，及避免雙重徵稅協議。1985年成立了兩國政府間經濟、貿易及科技合作委員會。2009年，雙方簽署了《中華人民共和國商務部和保加利亞共和國經濟能源旅遊部關於經濟合作的諒解備忘錄》。2010年10月，中保經濟聯委會第十四次例會在索菲亞召開。

1989年與蘇聯的經濟聯繫失落後，保加利亞的經濟受到巨大打擊，人民生活條件下降40%。聯合國對南斯拉夫和伊拉克的經濟制裁，也給保加利亞帶來了衝擊。1989年底保加利亞開始向市場經濟過渡，優先發展農業、輕工業、旅遊和服務業。

㉕ 羅馬尼亞：中東歐小義烏

首都：布加勒斯特
國家面積：238,391 平方公里
人口：19,874,000人

羅馬尼亞是巴爾幹半島的大國，是貫通歐洲－中亞－中國經濟合作的重要門戶。羅馬利亞和中國關係的淵源甚深，至2014年底，中國人在該國註冊的公司已達一萬多家，佔外國投資總數的5%，是歐盟成員當中華資公司數量最多的國家。這些公司分佈在全國16個州，大多以批發市場的店舖形式存在。雖然數量龐大，但多是小規模的夫妻店或家族式經營。

自1990年代初期，已經有中國人前往羅馬尼亞尋找商機，其中以浙江和河南籍居多。根據官方估計，當時大約有40,000華人旅居當地。當年羅馬尼亞經濟不景氣，日常生活用品短缺，需要實行配給，一批中國商人於是開始攜帶大批羽絨服、牛仔褲等商品前赴東歐各地賺取差價。當時倒賣的主要目的地，是市場龐大的俄羅斯和對華免簽證的匈牙利，其中少數因中途停留或錯乘火車而滯留羅馬尼亞，卻發現羅馬尼亞對中國貨品需求巨大，從而留在當地發展，自此華人人數不斷增加。

在1993年，位於布加勒斯特的中國商品集散地「歐羅巴市場」建立；1999年，規模更大的「尼羅市場」開張；2007年更建成「紅龍市場」，號稱是中東歐最大的中國商品批發集散地。由於當中大部分是浙江籍商人，所以羅馬尼亞和這幾個市場又被稱為「義烏城」或「小義烏」。

近年，華人更開始在當地投資自行車廠、製衣廠、製鞋廠、建材廠等製造業，以至蔬菜種植業等等，同時一些大型中國企業也開始進入羅馬尼亞。在「一帶一路」框架下，包括「康斯坦察－布加勒斯特－布拉索夫－阿拉德高速公路」、「沿多瑙河－黑海運河工業園」、「歐洲中國工業園」等一系列連接亞歐的現代「新絲綢之路」基礎合作設施計劃，都能看到當地資本雄厚的華商參與。

當地華人除了建立商會、同鄉會以外，還有《歐洲僑報》、《歐洲華報》、《歐洲商報》和《旅羅華人報》等多份中文報紙。此外，2014年7月羅馬尼亞更開辦了第一家中文學校：布加勒斯特二區中文學校。

㉖ 摩爾多瓦：葡萄酒王國

首都：基希涅夫
國家面積：29,688 平方公里，不包括德涅斯特河沿岸地區（4,163平方公里）
人口：3,549,400人

「摩爾多瓦」是羅馬尼亞語中「黑色土地」的意思，名副其實，該國三分之二的土地為黑鈣土。它位處烏克蘭西南和羅馬尼亞東北部之間，是前蘇聯的加盟共和國之一，國土不大，略小於海南省的陸地面積，人口也不算多。

大家普遍知道法國紅酒享譽世界，但可能很多人不知道摩爾多瓦因為其絕妙的土壤，擁有「葡萄酒王國」之美譽。當地紅酒不僅是沙皇的至愛，更讓英王喬治五世和維多利亞女王情有獨鍾。受他們的影響，品嚐摩爾多瓦的紅葡萄

酒，一時間成為了歐洲貴族的時尚和身份象徵。

從盛產優質葡萄的事實可以得知，摩爾多瓦的土地適宜耕作。隨著近年摩爾多瓦與歐盟的經貿關係加深，摩爾多瓦的貨物和服務可以免稅進入歐盟市場。2014年，摩爾多瓦對歐盟市場出口增長15%，水果、蔬菜等是主要產品，出口增長接近六倍。在「絲綢之路經濟帶」的合作上，摩爾多瓦也想借此優勢，發展茱爾朱勒什特國際自由港為貨物裝卸、打包和轉運的戰略物流中心。

摩爾多瓦人與羅馬尼亞人同宗同文，同是達基亞族人的子孫。1859年，摩爾多瓦和瓦拉幾亞合併，稱為羅馬尼亞。1991年，摩爾多瓦宣佈獨立，並於1994年舉行公民投票，決定維持獨立國家的地位，不與羅馬尼亞再次統一。

㉗ 德國：經濟帶動社會變革

首都：柏林
國家面積：357,022 平方公里
人口：79,758,000人

德國最近提出「工業4.0」的概念。過去的1.0所指的是蒸氣化，2.0是電力化，3.0是信息科技。

至於4.0的概念，是指整個產品的生產工序，將通過消費者在互聯網下單，然後以3D打印生產所購買的商品，之後再送到消費者手上。這樣不但使每件產品可以增加一些個性化設計的空間，對整體經濟來說，更改變了過去為降低成本而進行大批量流水線的生產模式，但大型工廠可能會

因此步向式微。其中影響最直接的，將會是就業人口的問題。勞動密集型的第二產業，一直為城市提供大量就業機會，解決社會的就業問題。可是隨著上述概念的日趨完善和具體化，將有可能把核心生產要素，轉移到生產原料和生產基地，以及生產基地與消費者之間的物流配送，整個社會的生產形態重點，也會由科技代替勞動力，同時對物流的管理成為新興要素。

這一類的例子還有很多。這不但對企業帶來挑戰，對於整體社會也是一個不可忽略的新發展元素，除了最直接的就業問題外，還會影響到日後的教育改革政策，應該如何培養出能夠適應未來世界經濟所需要的人才，是環環相扣的綜合思考。

(28) 荷蘭：亞歐大陸橋的橋頭堡

首都：阿姆斯特丹
國家面積：41,528 平方公里，只包括荷蘭本土
人口：16,980,000人

荷蘭位於歐洲西北部，是亞歐大陸橋的歐洲起點，也就是從亞洲出發通過陸路前往歐洲的最遠一點。作為亞歐大陸橋的一端，荷蘭的鹿特丹在歐洲乃至世界貿易版圖中都佔據著重要的地位，是世界著名的港口，也是海陸聯運的重要樞紐。由於其地理位置，一直被稱為「歐洲門戶」。

荷蘭是世界有名的低地之國，與德國、比利時接壤。它是歐盟和北約的創始國之一，也是申根公約、聯合國、世界貿易組織等國際組織的成員。在十七世紀，荷蘭是當時世

界上最強大的海上霸主，曾被譽為「海上馬車夫」。如今荷蘭分佈歐洲和加勒比區的國土，見證著荷蘭海權昔日的輝煌。荷蘭歐洲區位於歐洲西北部；加勒比區位於美洲加勒比海地區，包括博奈爾島、聖尤斯特歇斯島和薩巴島三個小島。

中、荷的經貿關係發展得很早，至2003年，荷蘭已經是中國在歐盟的第二大貿易夥伴；而至2007年，中國已經是荷蘭的第四大貿易夥伴。

在兩國的貿易當中，易腐食品可能是未來的重點之一。荷蘭是世界上第二大糧食和鮮花出口國，有「歐洲菜籃子」之稱。但因為跟中國相距遙遠，無論空運還是海運，對農產品運輸都不是很理想，因此長期以來，從荷蘭出口至中國的農產品在荷蘭出口額中佔不到1%，表示兩國的農產品貿易還有很大增長空間。

同時，中國對易腐商品的消費總量，到2025年預計將較2010年增長17%，通過電子商務平台銷售的易腐食品正以每年50%的速度增長，這將為未來的貿易帶來更多發展的空間。目前，中國22%的食品從歐洲進口，這個數字還有望繼續增長。

要促進易腐食品的貿易，貨運物流和冷鏈基礎產業是其重點。根據荷蘭合作銀行的預計，在2015至2025年間，中國需要投入超過550億元人民幣來改善有關的冷鏈設施。

埃及：金字塔下的神秘國度

首都：開羅
國家面積：1,001,449 平方公里，包括哈拉伊卜三角區
人口：90,155,000人

埃及是東北非人口最多的國家，經濟發展水平在區域內也是名列前茅，各項重要產業例如旅遊業、農業、工業和服務業等有著幾乎同等的發展比重。埃及也被認為是一個中等強國，在地中海、中東和伊斯蘭信仰地區尤其具有廣泛的影響力。在地理上，該國橫跨亞洲和非洲，而大部分國土位於北非地區。

中國和埃及自上世紀五十年代建交以來，關係一直發展順利。1999年，兩國建立戰略合作關係；2006年，兩國外交部建立戰略對話機制和深化戰略合作關係。2014年12月，埃及總統塞西在會談時說，埃及在阿拉伯世界和非洲佔據重要地位，是建設「一帶一路」的重要力量，表示出對「一帶一路」倡議的興趣、認同和支持。

埃及歷史悠久，是世界著名的文明古國之一，公元前3100年就出現了統一的奴隸制國家，建立了燦爛的文明並留下了金字塔、獅身人面像等至今仍然有許多未解之謎的宏偉創造。1952年，以納賽爾為首的「自由軍官組織」發動軍事政變，推翻法魯克王朝，成立「革命指導委員會」，掌握國家政權，獲得真正獨立。在獨立後，納賽爾領導埃及積極發展經濟，經過抗爭最終收回了蘇伊士運河的管轄權，領導埃及走上了獨立發展的道路。在2011年的埃及革命中，執政三十年的穆巴拉克總統黯然下台，並由軍方掌握國家過渡政權。

2012年6月，伊斯蘭主義的民選總統穆爾西上台，引起世俗派不滿，一年後他被軍方罷職，引發穆斯林兄弟會支持者的持續示威抗議和嚴重流血衝突事件，埃及社會也面臨著嚴重的分裂和對立局面。

㉚ 以色列：被伊斯蘭包圍的耶穌出生地

首都：耶路撒冷（以色列憲法）/ 特拉維夫（國際承認）
國家面積：20,770 平方公里，不包括戈蘭高地
人口：8,424,400人

以色列在1948年宣佈獨立建國，是世界上唯一以猶太人族群為主體的國家。

以色列最初是指一個民族而非地名，最早的記載出現在公元前1211年。在過去三千年的歷史中，猶太人視以色列為自己的民族和精神生活的核心，稱之為「聖地」或「應許之地」。從公元前1050年開始，一系列的猶太人王朝在這一地區存在了414年。後來，這塊土地先後被亞述、巴比倫、波斯、希臘、羅馬、拜占庭等古國統治，猶太人在這一地區逐漸衰落並遭驅逐。尤其是在132年的一次大規模起義失敗後，羅馬帝國將猶太人驅逐出這一地區，將地名改為「敘利亞－巴勒斯坦」。千年以來，猶太人一直試圖返回以色列，歷經四次回歸浪潮，猶太人終於在1948年建立了以色列國，結束了長達幾個世紀備受迫害的流亡生活。然而就在建國的第二天，便遭到了數個阿拉伯國家的聯合軍事行動。經過數次中東戰爭，以色列逐漸在中東站穩腳跟，並呈現出蓬勃的發展態勢。

目前，以色列是中東僅有的發達國家，在遺傳學、計算機、光學、工程學等方面都有獨到造詣，至今已經有十名以色列人或以色列裔人獲得諾貝爾獎，為人類的科技發展做出了卓越的貢獻。飽經戰亂、飽嘗流亡及迫害滋味的猶太人，通過自強不息的頑強奮鬥，實現了自己的復國夢和強國夢，成為了自強不息的典範。

中國和以色列的經濟互補性很強，特別是在高科技環節上。自1992年建立外交關係以來，兩國在經濟、文化、技術、體育等方面均取得了長足的發展。目前兩國合作最重要的領域就是研發。截至目前為止，以色列跟中國各省政府或部委簽署了八個研發協定。每年，兩國都要簽署十幾個合作協議。兩國政府也正在通過緊密合作推進雙邊經濟發展，例如已經設立了深入合作的「中以經濟合作聯合工作組」和「中以創新合作聯合委員會」，前者更是由國家發展改革委和以色列總理辦公室負責。工作組的目標是加強兩國經濟在以下領域的合作：高科技、農業和能源領域。在工作組的框架下，更不乏以色列專家和中國農民的合作，在廣泛領域使用以色列的先進技術。

(31) **巴勒斯坦：命途多舛的建國者**

首都：耶路撒冷（宣稱）/拉姆安拉（政府所在）
國土面積：6,020 平方公里，包括約旦河西岸和加沙走廊
人口：4,705,200人

巴勒斯坦是中東的一個國家，由加沙和約旦河西岸兩部分組成。其中哈馬斯（巴勒斯坦伊斯蘭抵抗運動）佔有加沙地

帶，而巴解（巴勒斯坦解放組織）則管治西岸，受巴勒斯坦民族權力機構監督。巴勒斯坦歷史悠久，以農業為主，主要居民是阿拉伯人。現時，巴勒斯坦尚未建立起完整的經濟體系，工業水平很低，規模較小，百廢待興。

半個多世紀以來，巴勒斯坦人一直為建立一個獨立的國家奮鬥不止。第二次世界大戰後，在英、美的支持下，1947年聯合國大會通過決議，規定巴勒斯坦在1948年結束英國的委任統治後建立猶太國（約1.52萬平方公里）和阿拉伯國（約1.15萬平方公里），並將耶路撒冷（176平方公里）國際化。1948年5月以色列建國後，於1948、1956、1967、1973年四次跟周邊敵視以色列的阿拉伯國家發生了大規模的戰爭。1964年5月，在耶路撒冷召開的巴勒斯坦第一次全國委員會會議決定成立巴解。1969年，阿拉法特擔任巴解執委會主席。1978年9月，埃及、以色列和美國簽署了《大衛營協議》，被佔領土的巴勒斯坦人獲得了有限的自治權，巴解組織則拒不接受自治。1988年11月15日，在阿爾及爾舉行的巴勒斯坦全國委員會第十九次特別會議通過《獨立宣言》，宣佈建立以耶路撒冷為首都的巴勒斯坦國，宣言明確接受1947年11月29日聯合國大會通過的第181號決議（分治決議），邊界問題留待以後通過談判解決。

1988年12月，阿拉法特承認以色列的生存權，秘密談判之後，以、巴簽署了和平協議，提出了巴勒斯坦自治計劃。1994年5月4日，以、巴在開羅簽署了具有歷史意義的關於在加沙和杰里科實行有限自治的協議，5月12日，巴勒斯坦民族權力機構成立。同年7月12日，阿拉法特結束了27年的流亡生活返回加沙。巴勒斯坦國在二戰後從未取得聯合國的正式承認，可是一直堅持著建國運動。

1988年11月20日，中國宣佈承認巴勒斯坦國，兩國建交。

㉜ 約旦：缺水的沙漠荒地

首都：安曼
國家面積：89,342 平方公里
人口：6,888,700人

約旦位於阿拉伯半島西北部，境內大部分地區是高原，海拔達650至1,000米。西部是約旦河谷，東和東南部是沙漠，被亞巴琳山脈貫穿，全國可耕地只佔國土面積的4%。著名的死海位於約旦西部，是其與以色列邊境的一部分。

約旦是一個比較小的阿拉伯國家，全國缺水，也沒有石油之類的自然資源，但相對周邊國家來說，約旦的政治、經濟和文化生活等方面比較穩定。約旦在伊斯蘭國家中相對開放，旅遊業是其支柱產業之一，佩特拉古城、死海和瓦迪拉姆沙漠等景點每年都吸引著大批世界各地的遊客前來旅遊參觀。

1991年的第一次海灣戰爭，給約旦經濟帶來了極大的困難，被迫暫停償還它的債務。約旦國內出現了大批巴勒斯坦難民，加上大量出國工作的民工，都給約旦經濟帶來了極大的混亂。國王阿卜杜拉二世試圖對國家經濟進行改革，但至目前來說，這些措施成效並不顯著，債務和失業依然是該國最大的經濟困難。

中、約兩國在政治、經濟、軍事、文化等各方面的關係穩步發展，對於「一帶一路」倡議，約旦由該國的投資委員會專門負責，希望能夠加深合作，並帶來更多的投資。

首都：貝魯特
國家面積：10,400 平方公里
人口：4,468,300人

黎巴嫩是中東著名的旅遊景點，旅遊業發達，是中東最西化的國家之一。

黎巴嫩東部和北部與敘利亞接壤，南部與以色列為鄰，西瀕地中海。境內留存著人類最早的一批城市和世界遺產，例如世界上現存規模最大的羅馬遺址巴勒貝克，堪稱黎巴嫩的「長城」。這些文明古蹟能追溯至長達五千多年的歷史，聞名全球。此外，擁有七千年人類連續居住歷史的比布魯斯是腓尼基22個字母的誕生地，而這22個字母又是拉丁語系的基礎。比布魯斯的海港是一個融古代風情和現代浪漫為一體的海港小鎮，而幾千年不斷修建的海邊城堡遺址又印證著歷史的變遷。得益於這一切，黎巴嫩素有「中東小巴黎」的美稱。

黎巴嫩資源貧乏，工業基礎也薄弱，國內經濟以商業和服務業為支柱。黎巴嫩的海外移民在全球建立了長期和龐大的商業網絡，因此僑匯佔到黎巴嫩經濟的大約五分之一；黎巴嫩國內有很多熟練工人，其數量在全部勞動力中所佔的比例，足以與眾多歐洲國家相媲美。

中國和黎巴嫩關係穩定，黎巴嫩每年從中國進口價值約25億美元的商品，總額不高，卻佔黎巴嫩進口總額的12%，相當於從法國和意大利進口的總和。在「一帶一路」的合作上，主要集中在旅遊業的發展和文化交流。另外，黎巴嫩的國

內基礎設施年久失修，特別是水電供應嚴重短缺，在這些方面的基建需求很大。同時，黎巴嫩曾經是中東地區的金融中心，也希望隨著與中國經貿合作的不斷擴大，能夠在金融方面加強對華合作，使該國成為中國跟中東地區進行經貿往來的金融交易中心。

(34) 敍利亞：戰亂籠罩的國度

首都：大馬士革
國家面積：185,180 平方公里，包括戈蘭高地
人口：23,229,000人

敍利亞是今天中東局勢的核心地區。以俄羅斯為首的伊朗陣營要保護這個國家的什葉派政權；另一方面，以美國為首的陣營則希望推翻現政權。這是因為敍利亞位處關鍵戰略位置，所以成為各方爭奪的對象，這種情況自古皆然。

敍利亞曾是羅馬帝國疆域的一部分，在此以前曾經經歷腓尼基、赫梯、米坦尼王國、亞述、古巴比倫、古埃及、波斯帝國、馬其頓帝國和繼後的塞琉古帝國各個時期。633年以前，敍利亞是基督教的發祥地和傳播中心；後來阿拉伯帝國在中東地區擴張，自七至十六世紀初葉成為了伊斯蘭教的傳播中心之一。又由於鄂圖曼帝國擴張和十字軍東征，到1516年成為鄂圖曼帝國的一部分；十八世紀法國侵入，宣稱敍利亞為保護地，第一次世界大戰以後由法國進行委任統治；1944年宣佈從維希法國獨立，但直到1946年正式獨立成阿拉伯敍利亞共和國之前，一直有外國軍隊駐紮。1958年2月1日，敍利亞和埃及合併為阿拉伯聯合共和國。1961年9月28日，敍利亞

脱離阿聯，並重新建立阿拉伯敍利亞共和國。

受「阿拉伯之春」運動的影響，2011年1月26日，敍利亞亦開始出現反政府示威活動，但被政府軍鎮壓，隨後反政府示威活動演變成敍利亞內戰，至今未平息。敍利亞自古以來就是中東地區的核心地帶，在歷史更迭中飽經戰火，最近的內戰以及ISIS的活動更是將這一個古老的文明古國置於更加動盪的境地。

敍利亞屬中等收入國家，經濟來源主要是農業、石油、加工業和旅遊業。但是近年來敍利亞的石油資源面臨枯竭，2013年已經從石油出口國變成進口國。

㉟ 伊拉克：多災多難的文明發源地

首都：巴格達
國家面積：438,317 平方公里
人口：35,820,00人

伊拉克位於亞洲西南部，阿拉伯半島東北部，大部分國土都是沙漠，但位於幼發拉底河和底格里斯河之間的地區宜於農耕，物產豐富。當地屬於熱帶沙漠氣候，冬季涼爽，夏季乾熱晴朗。北部山區冬季氣溫較低，偶爾會有大雪，甚至會由此引起水災。首都巴格達位於國家的中部，底格里斯河穿城而過。其他主要城市包括南部的巴士拉和北部的摩蘇爾。

伊拉克所在的地區在歷史上曾被稱為美索不達米亞，是人類文明的主要發源地之一。位於幼發拉底河和底格里斯河之間的美索不達米亞平原，其富饒的土地曾經孕育了幾個世界上

最古老的文明：蘇美爾文明、巴比倫文明和亞述文明。

近現代以來，伊拉克一直戰火不斷，社會變遷頻繁。1932年，伊拉克從英國的佔領下獨立，成為了一個君主制國家。1958年「自由軍官組織」發動政變推翻哈希姆王朝，並成立了伊拉克共和國。之後幾經政變，薩達姆成為了伊拉克的統治者。彼時，伊拉克憑藉石油財富在各方面都獲得了長足的進步，薩達姆在美國的支持下挑起了兩伊戰爭，這場戰爭卻葬送了伊拉克穩定發展的局面，並給伊拉克帶來了嚴重的社會問題。隨後，伊拉克為了補充戰爭損失，悍然出兵科威特並直接引發了海灣戰爭。在兩場戰爭的打擊下，伊拉克陷入全面衰退。2003年，美英以藏有大規模殺傷性武器為由挑起伊拉克戰爭，並徹底摧毀了薩達姆政權，伊拉克進入重建階段。

伊拉克是人類文明發源地之一，數千年滄桑的歷史伴隨著連綿不斷的戰火和動盪。中國和伊拉克自上世紀五十年代建交以來，一直保持友好關係。目前伊拉克是中國在阿拉伯國家的第三大貿易夥伴。

科威特：在石油上漂浮的國家

首都：科威特市
國家面積：17,818 平方公里
人口：3,533,300人

科威特是一個位於阿拉伯半島東北部、波斯灣西北部的君主制國家。國土面積很小，僅比北京稍大，可是石油和天然氣資源卻非常豐富。科威特的已探明石油儲量約940億桶，為

世界總儲量的10%左右，位列世界第四位。科威特的國土下滾動著海量的石油，名副其實是在石油上漂浮的國家。

2014年6月，訪問中國的科威特首相賈比爾與中國總理李克強共同出席了雙方十份合作協議或備忘錄的簽字儀式，其中就包括《科中關於絲綢之路經濟帶和科威特絲綢城建設合作諒解備忘錄》。作為參與「一帶一路」的大手筆，科威特計劃耗資1,320億美元，在北部沿海索非亞地區興建一座新城──「絲綢之城」，包括興建一座一千米高的摩天大樓。「絲綢之城」計劃於2033年全部建成，可容納70萬名居民，將以大型公路連接首都科威特城，並以鐵路接通中東、歐洲和中國等地區。科威特政府希望借助「一帶一路」的機遇發展這座新建城市，使之成為地區貿易的樞紐。

(37) 沙特阿拉伯：聖地之國

首都：利雅得
國家面積：2,149,690 平方公里
人口：30,069,000人

沙特阿拉伯是唯一一個同時擁有紅海和波斯灣海岸線的國家，大部分土地由沙漠和貧瘠的荒野組成，卻因為有豐富的石油資源而非常富有，是目前阿拉伯世界當中影響力最大的國家。

沙特在阿拉伯世界中，除了經濟和政治影響力之外，還有著極為特殊和重要的宗教地位。沙特境內有著伊斯蘭教中最為重要的兩座城市：麥加和麥地那。據記載，伊斯蘭教創始人穆罕默德首先開始在麥加傳教，後遭到統治者的迫

害，被迫遷往麥地那。之後，穆罕默德在麥地那將伊斯蘭教發揚光大，並形成了日後龐大的阿拉伯帝國和伊斯蘭教國家的雛形。因此，麥加和麥地那在伊斯蘭世界中被尊為聖地。沙特阿拉伯有時也被稱為「兩聖寺之地」，因它的領土範圍包括了伊斯蘭教中兩座最神聖的清真寺：麥加的禁寺及麥地那的先知寺，濃厚的伊斯蘭教傳統一直在沙特阿拉伯承襲下來。

目前沙特阿拉伯是一個政教合一的君主制國家。1992年開始施行的《治國基本法》規定，《古蘭經》是國家的最高憲法，國家根據沙里亞法（Sharia）行事。

除了宗教之外，石油成為了沙特阿拉伯最核心的特色和話題。沙特阿拉伯是世界上石油生產量及輸出量最高的國家，由於有石化燃料支持經濟，沙特阿拉伯被列為高收入經濟體之一，人類發展指數極高。

㊳ **也門：紅海瞭望者**

首都：薩那（法定首都）/ 亞丁（臨時首都）
國家面積：527,968 平方公里
人口：26,482,000人

目前的也門是在1990年5月由阿拉伯也門共和國（北也門）和也門民主人民共和國（南也門）合併組成。位處阿拉伯半島的西南端，扼守紅海經由亞丁灣進入阿拉伯海的咽喉要道，故而也可以稱之為紅海瞭望者。

也門有三千多年文字記載的歷史，是阿拉伯世界的古代文明搖籃之一。也門是一個典型的資源型國家，石油和天然

氣是其最主要的自然資源。從上世紀八十年代開始，也門石油的工業化生產和出口是其國民經濟的支柱產業；2009年，也門的天然氣形成工業化生產並實現出口，主要出口中國、加拿大和韓國。也門的非石油資源也比較豐富，有不少金屬礦產。

儘管有著豐富的資源，但1991年的海灣戰爭和1994年的內戰使得也門的國民經濟嚴重倒退，時至今日也門仍是世界上經濟最不發達的國家之一。也門的國內糧食不能自給，約半數依靠進口。在夏季有著沙漠中常見的沙塵暴，又因過度放牧，沙漠化日漸嚴重。事實上，這個國家正經受著內戰的嚴重困擾。

中國通過紅海可進入歐洲的咽喉之地，所以紅海有點像亞洲的馬六甲海峽一樣重要。

㊴ 阿曼：波斯灣門戶

首都：馬斯喀特
國家面積：309,500 平方公里
人口：3,590,500人

阿曼蘇丹國，簡稱「阿曼」，位於亞洲西部的阿拉伯半島東南部，扼守著世界上最重要的石油輸出通道──波斯灣的霍爾木茲海峽。霍爾木茲海峽可以說是中東地區的「油庫咽喉」，是連接波斯灣和印度洋的唯一水道，也就是中東海上石油運輸的唯一出口。自從中東地區發現石油後，從這裡每天駛出的運油輪驅動著整個世界的發展，所以霍爾木茲海峽對於世界能源和全球經濟的穩健運營有著極為重要的影響。作為扼守著這一重要海峽的國家，阿曼當仁

不讓地成為了波斯灣的門戶。

阿曼是阿拉伯半島最古老的國家之一，於公元前2000年已經廣泛進行著海上和陸路貿易活動，並成為阿拉伯半島的造船中心。阿曼屬傳統的農業社會，居民約40%從事農、漁、畜牧業，自給自足。阿曼在上世紀六十年代已經開始開採石油，現已探明的石油儲量近7.2億噸，位於世界石油儲量的第25位；天然氣儲量則有33.4萬億立方英尺。油氣收入佔阿曼國家財政收入的75%、國內生產總值的41%。另外，阿曼還有煤儲量約3,600萬噸，金礦儲量約1,182萬噸，銅儲量約2,000萬噸，鉻100萬噸。雖然阿曼通過出口資源，使得人均GDP超過兩萬美元，成為了一個較富裕的阿拉伯國家，但因經濟起步較晚，經濟基礎十分薄弱，發展相對也較緩慢，在未來能否繼續保持經濟活力仍是一個未知數。

(40) 阿聯酋：沙漠明珠

首都：阿布扎比
國家面積：83,600 平方公里
人口：10,394,000人

阿拉伯聯合酋長國，簡稱「阿聯酋」，是由阿布扎比、沙迦、杜拜、阿治曼、富查伊拉、烏姆蓋萬、哈伊馬角七個酋長國組成的聯邦國。首都阿布扎比也是境內最大部族的領地。

由於地處阿拉伯沙漠，阿聯酋的自然環境非常惡劣。在石油產業發展以前，採珠業一直是阿聯酋的支柱產業，經濟狀況非常惡劣。直至上世紀六十年代，阿聯酋發現了石油，原本荒蕪的沙漠一下子變成了富庶的油田，使得這個

國家從一個以採集珍珠為生的國家變成了名副其實的沙漠明珠。至2014年，該國已探明的石油儲存量為133.4億噸，佔世界石油總儲量的9.5%，居世界第六位；天然氣儲量為214.4萬億立方英尺（6.06萬億立方米），居世界第五位。

在石化產業的支撐下，阿聯酋經濟得到了極大的發展，阿布扎比和杜拜更成為了世界聞名的富庶地區。以杜拜為例，十年來GDP增長超過200%，成為了中東物流集散的核心，同時還建成了諸如帆船酒店、棕櫚島等聞名世界的一系列項目，其富庶程度令世界矚目。

中國跟阿聯酋的經貿關係密切，阿聯酋已經成為中國在中東地區的第二大貿易夥伴，2014年兩國的雙邊貿易額達到548億美元。同時，中國也成為了杜拜第一大貿易夥伴，阿聯酋希望杜拜能夠成為「一帶一路」上的重要樞紐，連接起東西方。

(41) 卡塔爾：不用徵稅的富裕國家

首都：多哈
國家面積：11,000 平方公里
人口：2,117,900人

卡塔爾是亞洲西南部的一個阿拉伯國家，地處阿拉伯半島邊上，絕大部分領土均為波斯灣環繞。

卡塔爾擁有非常豐富的石油和天然氣資源，天然氣的總儲量為全世界第三名，石化工業也隨之取代採珠業成為國家的支柱產業。卡塔爾是一個絕對君主制的酋長國，自十九世紀中葉開始便由阿勒薩尼家族領導。

卡塔爾的政府收入主要來自石油和天然氣出口，石油儲量估計有150億桶（24億立方米）。卡塔爾人的財富收入和生活條件可以和西歐發達國家的水平看齊，2012年該國被《福布斯》雜誌評為世界最富有國家，人均GDP超過88,000美元。由於沒有所得稅，卡塔爾成為全世界的主權獨立國家中兩個稅收最少的國家之一，另一個是巴林。

由於以石油和天然氣作為國家的經濟支柱，只能支撐未來有限的時間，所以卡塔爾正致力發展新經濟以減少對石化產業的依賴。在2004年，卡塔爾科學技術公園落成使用，吸引國內外以技術為基礎的公司和企業，為他們提供技術支持。在2015年4月，該國元首就曾經表示希望積極響應「一帶一路」倡議，為這一類科技發展提供更大的空間。

㊷ 巴林：海灣地區後石油經濟先鋒

首都：麥納瑪
國家面積：701 平方公里
人口：1,472,600人

巴林原本是一個由33個島嶼組成的群島國家，但經過大量填海造陸工程之後，使得島嶼數量大大增加。這個國家屬熱帶沙漠氣候，國土總面積的92%是沙漠，可耕地僅僅為總面積的2.82%。

巴林是迪爾蒙文明的發跡之地。628年，巴林成為最早接受伊斯蘭教的地區之一。經過一段時間的阿拉伯人統治後，葡萄牙於1521年佔領巴林，又於1602年被薩非王朝的阿拔斯大帝驅逐。1783年，巴尼烏巴族從卡扎爾王朝奪取巴

林，由阿勒哈利法家族建立王朝並統治至今。

巴林是第一個脫離石油經濟的波斯灣國家。它是海灣地區最早開採石油的國家，也大概是最早用光石油資源的國家，如今的石油資源已接近枯竭。與其他五個海灣阿拉伯國家合作委員會的成員國（沙特、阿聯酋、科威特、卡塔爾和阿曼）相比，巴林的石油和天然氣佔本國GDP的比重最小，只有不到20%。自二十世紀後期，巴林已投入鉅資發展金融業、服務業、旅遊業和吸引外資以實現經濟多元化，振興國家經濟和創造就業機會。得益於石油工業帶來的基礎以及積極的經濟轉型，目前巴林已有較高的人類發展指數（世界排名第44位），亦被世界銀行認定為高收入經濟體。

在2015年10月，巴林經濟發展委員會首席執行官哈立德·艾勒魯邁希訪問中國，明確提出了希望巴林能夠在中國的「一帶一路」倡議中，成為中國企業進入海外市場的門戶。

㊸ 土耳其：連接歐亞十字路口的土耳其夢

首都：安卡拉
國家面積：783,562 平方公里
人口：77,720,000人

土耳其是一個橫跨歐、亞兩洲的國家，國土包括西亞的安納托利亞半島，以及歐洲巴爾幹半島的東色雷斯地區，北臨黑海，南臨地中海，自古以來是歐亞銜接與交流的重要樞紐，其境內的土耳其海峽更是連接黑海以及地中海的唯一航道。

土耳其的歐亞樞紐地位不僅來源於地理，更源自於歷史。土耳其曾是鄂圖曼帝國的一部分，1453年5月29日，穆罕默德二世攻陷君士坦丁堡，滅拜占庭帝國，統治區域橫跨歐、亞、非三大洲，同時繼承了東羅馬帝國的文化及伊斯蘭文化，東西文明在土耳其得以統合。因此在歷史和文化上，土耳其成為了歐亞的交匯融合之地。綜合地理和文化兩方面的因素，土耳其當之無愧地成為了連接歐亞的十字路口。

土耳其經濟基礎較好，經濟較為發達，世界銀行就土耳其2007年的人均國內生產總值，分類其為中高收入國家。土耳其人口中有98%是穆斯林，是伊斯蘭世界中一個比較穩定和成熟的世俗國家，實施政教分離制度。

土耳其跟中國一直維持良好的外交和互動關係。在2015年11月14日，習近平主席訪問土耳其出席G20會議，便跟土耳其總統埃爾多安一同見證了關於共推「一帶一路」建設的諒解備忘錄，以及基礎設施、進出口檢驗檢疫等方面的合作協議的簽署。

事實上，土耳其的發展規劃跟「一帶一路」是不謀而合的。土耳其前總統及總理早有與中國合作復興絲綢之路的意願。早於2009年，土耳其前總統居爾訪華時就曾對中國提出「希望通過兩國政府的共同努力，重新振興古絲綢之路」。2012年，習近平副主席訪問土耳其，兩國領袖都提到了這個設想。2012年，時任土耳其總理的埃爾多安訪華時，也就振興古絲綢之路與中國領導人進行了討論。

土耳其更關注的，自然是絲綢之路經濟帶。歷史上，絲綢之路對於土耳其的崛起曾起過巨大作用，無論是從歷史還

是從現實看，其對土耳其都有著重大意義。因此在土耳其，一些著名的服裝品牌、餐廳、高校、道路等，都有以「絲綢之路」（İpek Yolu）命名的例子。

㊽ 格魯吉亞：歷史的見證

首都：第比利斯
國家面積：57,200 平方公里，不包括未被國際社會普遍承認獨立的阿布哈茲（8,600 平方公里）和南奧塞梯（3,900平方公里）
人口：4,432,500人

當下的國際局勢，恐怖主義和西方國家關係緊張。追根溯源，當中涉及伊斯蘭和基督教文化長時間的歷史碰撞。從認識格魯吉亞的歷史，可以讓我們窺探當中的一些關鍵點。

格魯吉亞是一個具有特殊文化的古國，位於歐亞大陸交界，高加索山地的黑海沿岸。在羅馬帝國勢力延伸到小亞細亞時統一，隨羅馬共同抗擊波斯，自此受西方文化的影響，並於330年奉基督教為國教，正式定國名為格魯吉亞，之後長期與拜占庭帝國抵抗伊斯蘭勢力的軍事擴張。六至十世紀時，曾處於伊朗、拜占庭帝國和阿拉伯帝國的統治下，初步形成獨立的格魯吉亞民族，至十二、三世紀時產生了影響亞歐的光輝藝術和哲學文化。至十四世紀，格魯吉亞曾為元朝的帖木兒管治，十六世紀開始又成為伊朗和鄂圖曼帝國的爭奪對象，至十八世紀求助於新興強國俄羅斯，自此建立了與俄羅斯及前蘇聯關係的基礎。前蘇聯有不少領導人其實是出身於格魯吉亞，例如史太林。

直至近年，格魯吉亞仍然處在美、俄的爭奪之中。美國在該國推動「玫瑰革命」，推翻原本的親俄政府，建立親西方政權，並部署加入北約組織，構成對俄羅斯的包圍。俄國對此不滿，幕後支持格魯吉亞東部的少數族裔分裂。2008年，南奧塞梯及阿布哈茲宣佈脫離格魯吉亞獨立，格魯吉亞於次日與俄羅斯斷交，全面倒向歐美陣營。

領土糾紛、大國博弈和宗教文明的衝突，除了困擾格魯吉亞，在整個「一帶一路」沿線國家中也不罕見。

㊹ 亞美尼亞：高加索的火藥庫

首都：葉里溫
面家國積：29,800 平方公里，不包括納戈爾諾－卡拉巴赫地區
人口：2,976,600人

亞美尼亞是一個內陸國家，位於高加索地區的亞歐交界處，國內有五十多個民族，絕大部分為亞美尼亞族，也有少數庫爾德族和俄羅斯族人。大部分國民信奉東正教和基督教，曾經是世界上第一個將基督教定為國教的國家，但周圍卻被伊斯蘭教國家所包圍，再加上與鄰國之間的國界爭議問題，因此成為高加索地區動盪不安的火藥庫地帶。

在1980年代發生的納卡戰爭之後，亞美尼亞遭到阿塞拜疆、土耳其等國的敵對和封鎖，經濟嚴重下滑。及後開始有所起色，但卻受制於資源貧瘠和資金短缺等因素影響，發展水平貧弱。2010年，該國的通脹率高達27%（2015年已下降至2.5%）。另外根據估計，亞美尼亞僑民數量達到700萬，遠高於國內人口，2013年亞美尼亞的僑匯收入達到19

億美元。目前亞美尼亞的主要經濟來源是農牧業，集中在首都附近的低地地帶。

當年亞美尼亞支持阿塞拜疆的納戈爾諾－卡拉巴赫獨立並加入亞美尼亞，因而引發兩國戰爭。自2013年以來，兩國在周邊地區再次處於對峙狀態，武裝衝突頻繁。可是兩國國力在近年來顯著失衡，阿塞拜疆已經在綜合力量和武裝上處於絕對優勢，亞美尼亞正面臨空前的戰爭威脅。此外，格魯吉亞也擔心俄羅斯所支持的亞美尼亞對其境內的亞美尼亞人聚居地區發動分離主義，也對亞美尼亞採取敵視態度。

㊻ 阿塞拜疆：「一帶一路」的民族挑戰

首都：巴庫
國家面積：75,142 平方公里，不包括納希契凡自治共和國和納戈爾諾－卡拉巴赫（11,458 平方公里）
人口：9,614,600人

阿塞拜疆是世界上少有跟亞美尼亞和伊朗同時看不上對方的國家。到高加索地區旅遊，一般是從東往西行，因為任何寫有亞美尼亞字樣的東西，小至紀念品，大至亞美尼亞簽證，都有可能在阿塞拜疆海關被沒收。在伊朗的西北部，也有一個叫阿塞拜疆的地方，這當然有別於阿塞拜疆共和國，但兩地的主體居民在血統、語言、宗教和風俗上都是相通的。這些國家目前甚少往來，從這些例子可以說明，中國在構建「一帶一路」的過程當中，一個需要克服的重大困難，便是如何打通這些不友好國家之間的經貿往

來和各類型的交流。

處於裡海和黑海之間的這片地區，人們過去各自有自己的
語言，直至後來阿拉伯人統治該地，帶來了大批穆斯林移
民，導致這裡成為外高加索最早伊斯蘭化的地區。再後來
是突厥人統治，又把阿拉斯河兩岸原來的阿拉伯人、伊朗
人統統同化，便正式有了今天伊朗和阿塞拜疆兩國的阿塞
拜疆人。

目前，阿塞拜疆的外匯儲備超過了500億美元。該國政府以
發展石油產業為重點，裡海油氣的成功開發促進了阿塞拜
疆的經濟和社會飛速發展。在前蘇聯時代，阿塞拜疆和俄
羅斯是僅有的兩個不需要中央財政補貼的共和國。

另外，阿塞拜疆擁有豐富的植物和動物物種，境內共有約
4,000種植物，其中很多具有珍貴的藥用價值。此外，東高
加索野山羊、小亞細亞盤羊、高加索岩羚羊都是珍貴的高
加索山地動物。

㊼ 伊朗：老絲綢之路上的文明古國

首都：德黑蘭
國家面積：1,648,195 平方公里
人口：78,920,000人

伊朗是一個十分重要的中東國家，是地區內主要的經濟體之
一。2012年國內生產總值為5,485.9億美元，居世界第21位，
人均GDP 7,207美元，居世界第76位（國際貨幣基金組織數
據）。石油產業是伊朗的經濟支柱，伊朗是世界第四大石油

生產國、石油輸出國組織第二大石油輸出國。

伊朗跟中國的關係可以追溯到古代絲綢之路。早在漢武帝時，張騫就派遣其副使前往安息，自那時起，中國跟伊朗就開始了第一次接觸。東漢末年，安息王的太子、佛教高僧安世高也曾來漢訪問；到了唐代，兩國往來達到鼎盛時期。後來，波斯遭外來侵略，波斯王親自到唐帝國訪問並請援，唐高宗封他為都督，遣將派兵護送他回國，但回國未成死於長安。據記載，中國發行鈔票的方法在元朝傳到了波斯，後來，波斯鈔票上的圖案還保留了中國文字。明代時，明成祖和中亞的沙哈魯王子曾先後互派300和500人的大型代表團互訪。

伊朗是一個歷史悠久的文明古國。早在公元前3200年，伊朗西南部就出現了埃蘭古國。後來經過一系列的發展和演變，居住在伊朗高原西南部的波斯部落建立了盛極一時的波斯帝國，這也是人類歷史上第一個真正意義上的帝國。然而好景不長，波斯帝國在希波戰爭中戰敗，開始衰落，後來被馬其頓帝國徹底征服並開始逐步希臘化。在之後的歷史中，伊朗先後被阿拉伯人、突厥人和蒙古人統治過，其中尤以阿拉伯人的統治影響最為深遠，直接影響伊朗現在成為一個政教合一的國家。

目前，中國是伊朗在亞洲的第一大貿易夥伴，也是世界第三大貿易夥伴。

阿富汗：亞洲瘡疤

首都：喀布爾
國家面積：652,090 平方公里
人口：33,278,000人

阿富汗是一個位於亞洲中南部的內陸國家，坐落亞洲的心臟地區。阿富汗境內多山，平原分佈在國家的北部與西南部地區。全國乾燥，淡水資源極其貧乏。由於惡劣的自然環境和常年累月的戰亂，阿富汗是目前世界上最貧窮的國家之一。

作為一個坐落在亞洲核心區域的國家，阿富汗文化相當多元，融合了東方和西方文明的特點。在古代，這裡曾是很重要的貿易點和遊牧民族的遷居點。其擁有重要的地緣戰略位置，連接著南亞、中亞以及西亞。在漫長歷史裡，阿富汗經歷了無數的侵略和征服。1919年8月，隨著第三次英、阿戰爭的結束，阿富汗從英國手中奪回完全獨立的地位，並且排除外來的干涉勢力。然而好景不長，從七十年代晚期開始，伴隨著蘇聯的入侵，阿富汗重新陷入了無止境的戰亂之中。2001年塔利班主導「911事件」，因而遭到美國的軍事打擊，土崩瓦解，而阿富汗也在國際社會的管控下開始重建。長久以來的頻繁戰亂、極度貧困的國內局勢，使得這個位於亞洲心臟的國度成為了亞洲版圖上令人怵目驚心的瘡疤。

中國與阿富汗自古以來就是古絲綢之路的共同開闢者。兩國於1955年正式建交，中間由於戰亂原因，雙邊交流一度中斷。直至近年，尤其是塔利班倒台後，中、阿關係才恢復正常，並在2012年正式建立戰略合作夥伴關係。

2014年以來，雙方高層互動更加頻繁，關係得到迅速提升，

雙方在「一帶一路」背景下展開合作的意願強烈，尤其是就中、巴經濟走廊和阿富汗融入「一帶一路」開發等方面有較多共識。對於阿富汗來說，現在是重建的關鍵時期，所以它對於「一帶一路」的態度是非常積極的。從阿富汗的角度來看，希望通過「一帶一路」獲得中國的基建支持、投資資金，以及向中國出口其豐富的礦石資源。

可是另一方面，隨著「一帶一路」帶來區域的互聯互通，阿富汗國內的恐怖主義和不穩定局勢，會否因此加強聯繫而蔓延到其他國家，也是十分值得關注的。所以深化安全合作，包括加強各國在反恐、禁毒等領域上的合作，聯手打擊「三股勢力」，共同改善地區安全形勢，才能夠保障未來的和平及平穩發展。

⁴⁹ 巴基斯坦：中國的全天候盟友

首都：伊斯蘭堡
國家面積：880,254 平方公里，包括巴控克什米爾
人口：192,400,000人

巴基斯坦跟印度一樣位於南亞，東與印度比鄰，南面是印度洋，西與伊朗接壤，西北和阿富汗相連，東北面可通往中國的新疆。在烏爾都語中，「巴基斯坦」這個源自波斯語的字，意思為「聖潔的土地」。巴基斯坦曾經孕育出了燦爛的古文明，公元前三千年左右，哈拉帕文化產生於今巴基斯坦境內，興建了哈拉帕和摩亨佐－達羅兩座古城。

1757年後，巴基斯坦隨印度成為英國殖民地，但穆斯林與印度教徒之間的衝突依然嚴重。賽義德·阿赫默德汗領導阿利

加爾運動，其繼承者於1906年成立了「全印穆斯林聯盟」，曾一度與印度國大黨合作，共同爭取印度的民族獨立，但1928年合作破裂。1940年3月23日，穆罕默德·阿里·真納領導下的穆斯林聯盟在拉合爾召開全國會議，通過了建立巴基斯坦的決議。1947年6月，英國公佈《蒙巴頓方案》，同意印、巴分治。8月14日，巴基斯坦宣佈獨立，成為英聯邦的自治領。由於種種歷史、宗教、文化以及分治方案的原因，印、巴分治之後兩國衝突長期不斷，成為南亞大陸重要的不穩定因素之一。

中國和巴基斯坦之間的友好關係，一直為人稱道。1951年5月21日建交以來，兩國建立全天候友誼，開展了全方位合作。2005年4月，兩國宣佈建立更加緊密的戰略合作夥伴關係。在2015年4月習近平主席訪問巴基斯坦期間，中、巴關係提升為全天候戰略合作夥伴，同時中國將投資460億美元打造中、巴經濟走廊，此外，中國還租借了巴基斯坦的瓜達爾港以支撐中國的「一帶一路」倡議。

㊿ 印度：南亞霸主

首都：新德里
國家面積：3,287,800 平方公里，包括爭議地區
人口：1,304,200,000人

印度是南亞次大陸的大國，土地面積排名全球第七，人口則名列全球第二，僅次於中國。不過跟中國實行計劃生育政策不同的是，印度由於種姓制度、宗教、文化等等原因，仍然維持著很高的人口自然生育率。

印度文明是世界上最早的古文明之一，最遲在公元前2500年，印度河流域就有古代印度人創造的文明，由於最早發現相關遺址的地方位於現在巴基斯坦境內的哈拉帕和摩亨佐－達羅，這個文明也被稱為印度河文明或者哈拉帕文明。從古至今，印度一直是南亞次大陸上的主角，不論是經濟、政治、軍事還是文化宗教，印度在南亞次大陸的地位一直無可動搖，是當之無愧的南亞霸主。現代印度於第二次世界大戰後從英國的殖民統治下獨立，甘地領導的著名「不合作運動」成為第三世界國家爭取民族獨立的典範。

獨立後的印度面臨著一系列嚴重問題，尤其是印巴分治所帶來的後遺症。獨立後第一年，印度與巴基斯坦就由於克什米爾爭端而爆發軍事衝突。印、巴分別在1947、1965和1971年爆發了三次大規模戰爭，其中第三次印、巴戰爭由印度大獲全勝，「東巴基斯坦」脫離巴基斯坦獨立，宣佈成立孟加拉國。此後，印度政治緩慢發展，國內教派衝突頻繁，經濟發展嚴重滯後。進入二十世紀九十年代，印度開始進行市場經濟改革，並取得初步成效。目前，印度已經成為了重要的軟件開發和金融服務的提供地。

中、印關係在建交之初，由於西藏和邊境衝突等問題一直波折不斷；進入新世紀後，則步入了穩定發展的新紀元。在中國主導的亞洲開發銀行中，印度是其中一員。

對於「一帶一路」倡議，印度的態度頗值得玩味。2014年習近平主席展開了對南亞三國（馬爾代夫、斯里蘭卡、印度）的國事訪問。這是習近平擔任國家主席後首次訪問南亞，也是印度新總理莫迪上台以來中國最高領導人的首次

訪問，對於勾畫中、印關係新局面、拓展中國西南周邊外交新格局，都起到了積極的作用。在訪問過程中，莫迪認同將印度的經濟發展戰略跟中方的「一帶一路」深入對接，將中國優勢和印度的發展需求緊密結合，承諾將積極研究推進「孟中印緬經濟走廊」。但是莫迪在隨後的訪美行程中，印、美雙方發表聯合聲明，強調需加快基礎設施互聯互通和地區經濟走廊的建設，以促進南亞、東南亞以及中亞經濟一體化發展。美方強調，通過其「印太經濟走廊」計劃，美國將推進印度與其鄰國以及更廣闊地區實現互聯互通，以實現商品和能源自由流動。

(51)
不丹：藩屬王國

首都：辛布
國家面積：47,000 平方公里
人口：778,130人

不丹是位於中國和印度之間喜馬拉雅山脈的一個南亞內陸王國。「不丹」一名來自梵語，意思是「吐蕃的終結」，意味著不丹就是吐蕃勢力範圍和文化影響範圍的界限。

不丹在歷史上曾經作為吐蕃的藩屬國，清朝時，清政府雖然統治西藏，但是允許西藏擁有自己的藩屬。十八世紀，不丹遭英國入侵，成為英國的保護國。在印度獨立之後，印度替代英國成為了不丹的保護國。時至今天，儘管不丹名義上是獨立的國家，但不論是內政還是外交均受印度掌控，可以說是印度的藩屬。上世紀七十年代，在印度的允許下，不丹加入聯合國。不丹並沒有跟五大常任理事國

建立外交關係，也是中國在鄰國中唯一沒有與其建交的國家，兩國目前的關係仍只停留在邊界談判的階段。

不丹的整體經濟狀況很差，最大的收入是將水電賣給印度。然而它的生態環境卻很好，森林覆蓋率高達72%，是亞洲少見，以名木花草聞名於世，主要樹種有菩提樹、橡樹和松樹。

(52) 尼泊爾：高峰之國

首都：加德滿都
國家面積：147,181 平方公里
人口：29,273,000人

尼泊爾位於喜馬拉雅山脈，為南亞內陸國家，境內多山，北與中國相接，其餘三面與印度為鄰。國境呈長方形，海拔由北部與中國交界的崇高山脈（四千米以上）向南遞減，中部（一千至四千米）為山地，南部靠近印度地區的較低（一千米以下），並多為茂密林地。由於位處世界屋脊，世界排名前十位的高峰裡面，有八座位於尼泊爾境內，因此尼泊爾也當之無愧成為了高峰之國。

尼泊爾國內的經濟基礎薄弱，自然條件相對惡劣，對經濟發展甚為不利，是世界上最不發達的國家之一。

尼泊爾是亞洲古國，古代於尼泊爾境內有很多國家。在公元前六世紀，尼泊爾人已在加德滿都河谷一帶定居。1791年，英國與尼泊爾簽定了一項掠奪性的「通商條約」。隨後在1814年，尼泊爾與英屬印度發生戰爭，尼泊爾戰敗，

次年被迫與英國簽定《塞格里條約》，把南部大片土地割讓給東印度公司，在內政和對外貿易方面接受英國監督。接下來的一百多年便是尼泊爾人不斷爭取民族獨立的血淚史，終於1923年獲得英國承認尼泊爾的獨立地位，先後廢除國王特權和君主制，成立共和國。

中、尼兩國以振興古老的南方絲綢之路為切入點加深合作。中國大量對尼泊爾作出援助和援建，期望在惡劣的天然環境下做好基礎建設，發展民生。

㊾ 斯里蘭卡：寶石之國

首都：斯里賈亞瓦德納普拉科泰（略稱科泰）
國家面積：65,610 平方公里
人口：21,099,000人

斯里蘭卡在1972年之前稱為錫蘭，是位於亞洲南部印度次大陸東南方外海的島國。

斯里蘭卡有著漫長的被殖民史。葡萄牙人最早於1505年就到達斯里蘭卡，1656年斯里蘭卡改被荷蘭佔領，1796年英國結束了荷蘭的統治。1802年英、法兩國簽定了《亞眠條約》，斯里蘭卡被正式宣佈為英國的殖民地。1948年2月4日，斯里蘭卡宣佈獨立，成為英聯邦的自治國，國名為錫蘭。

斯里蘭卡一直飽受國內激烈的民族衝突之苦。早在1830年代，英國將印度南部的泰米爾人大批遷至斯里蘭卡，並扶持其佔據了各方面的主導地位，由此與當地的主要民族僧伽羅人結怨。斯里蘭卡獨立後，泰米爾人於1972年成立了猛虎組織，走上「獨立建國」的道路。從那時起，猛虎組織跟斯里

蘭卡政府軍的衝突就從未停止，儘管國際社會多有斡旋，但是長期以來作用不大。經過二十多年的鬥爭，斯里蘭卡政府軍於2009年擊敗猛虎組織，結束了綿延已久的內戰。

斯里蘭卡的經濟以寶石出口和農業為主，主要農產出口有稻米、橡膠、椰子、咖啡等許多熱帶地區的代表性經濟作物；該國最重要的出口產品是錫蘭紅茶，斯里蘭卡是世界三大產茶國之一，國內經濟深受產茶情況的影響。此外，斯里蘭卡生產寶石，傳說農民在耕種時隨意用鋤頭耕地都能夠發現，因此斯里蘭卡也以寶石之國而聞名。

中、斯關係一直維持良好的雙邊互動。在2014年習近平主席對斯里蘭卡進行國事訪問期間，斯里蘭卡領導人表示：中、斯兩國共同建設海上絲綢之路，願意積極支持「二十一世紀海上絲綢之路」的發展。在2015年，還有第一批斯里蘭卡官員到中國接受關於「一帶一路」倡議的專門培訓，相信兩國關係會在「一帶一路」的大背景下更進一步。

⑤④ 馬爾代夫：上帝拋下的項鍊

首都：馬累
國家面積：300 平方公里
人口：336,410人

馬爾代夫是印度洋上的一個島國，也是世界上最大的珊瑚島國，由一千二百餘個珊瑚島組成，其中202個有人居住，從空中鳥瞰就像一串珍珠項鍊撒在印度洋上。由於馬爾代夫旖旎的熱帶風情和讓人流連忘返的唯美海景，被人們譽為是上帝拋下的項鍊。

歷史記載，馬爾代夫起源於十二世紀，但據流傳的文學作品以及相關的考古發掘，都發現馬爾代夫的歷史遠早於此，或許曾經是遠洋航行的重要中轉站。中國古時稱馬爾代夫為「溜山國」或「溜洋國」。明朝永樂十四年（1416）後，馬爾代夫國王優素福三次派遣使節前來中國。鄭和的隨行人員馬歡所著《瀛涯勝覽》和費信所著《星槎勝覽》中，對馬爾代夫的地理位置、氣候、物產、風俗民情等，都有詳實的記載。馬爾代夫的馬累博物館陳列著當地出土的中國瓷器和錢幣，反映了歷史上中國和馬爾代夫的緊密關係。

馬爾代夫的整體經濟基礎薄弱，目前主要依賴旅遊業、船運業和漁業作為三大經濟支柱。得益於豐富的旅遊資源，旅遊業已經成為馬爾代夫經濟貢獻率最高的產業。

馬爾代夫希望能夠在「一帶一路」倡議的背景下跟中國加強合作，成為印度洋上的交通樞紐。馬爾代夫地處印度洋中心，是多條國際主要航道的必經之地，在國際遠洋運輸中具有特殊的戰略地位。兩國現正在就建立自由貿易區進行商討。

(55) 孟加拉：殖民之痛

首都：達卡
國家面積：143,998 平方公里
人口：164,620,000人

孟加拉國位於南亞孟加拉灣之北，東南山區一小部分與緬甸為鄰，其他部分都與印度接壤。孟加拉國80%以上的領土位於南亞次大陸東北部，恒河和布拉馬普特拉河下游沖積而成的三角洲上，屬肥沃而平坦的沖積平原，河道縱橫密

佈，河運發達，河流和湖泊約佔全國面積10%，非常適合農業和漁業。

孟加拉族是南亞次大陸的古老民族之一。當地的原住民是亞澳人，之後有使用藏緬語族的蒙古人種從東北部進來，再後來又有與達羅毗荼人混血的雅利安人遷入。這幾個人種經過長期融合，逐漸形成今天的孟加拉人。

1947年印、巴分治時，孟加拉地區被再次分割：西孟加拉地區歸印度（今西孟加拉邦），東孟加拉地區（後改名稱東巴基斯坦）則根據最後一任印度總督蒙巴頓提出的《蒙巴頓方案》歸巴基斯坦。但是，地理上的相互隔絕，民族、文化和語言的巨大差異，終於使相距約二千公里的東、西巴基斯坦的內部矛盾走向不可調和。1971年，東巴基斯坦宣佈獨立，成為孟加拉國。數百年來孟加拉國所遭受的苦難，尤其是幾十年來的動盪與對立，都與英國的殖民政策，尤其是《蒙巴頓方案》有著莫大的關聯，可以說是殖民之痛。

孟加拉國是世界上人口密度最高的人口大國，同時也是世界上最貧窮的國家之一，在2013年的「全球繁榮指數」中排103名。黃麻工業曾是孟加拉國的支柱產業，但是隨著化纖產業的興起，黃麻遭到替代，孟加拉國的經濟發展也陷入了更加困頓的境地。現時孟加拉國的支柱產業是紡織服裝業，服裝出口佔孟加拉國總出口額的八成。目前，中國是全球第一大服裝出口國，孟加拉國排名第二。

中、孟經濟合作的提升將主要落實在大型基礎設施項目的建設上，中國承建了該國大量基礎設施。雖然孟加拉國經濟總量小、底子薄，但具有區位優勢，基礎設施發展潛力大，該國的發展十分有賴孟、中、印、緬經濟走廊。同時，孟、

中、印、緬的區域開發也將成為孟加拉國參與「絲綢之路經濟帶」與「海上絲綢之路計劃」的一部分。

⑤⑥ 緬甸：若即若離

首都：內比都
國家面積：676,578方平公里
人口：55,125,000人

緬甸是一個歷史悠久的文明古國，舊稱洪沙瓦底，與中國的關係源遠流長。1286年，元朝設置「緬中行省」（又稱「征緬行省」），1290年撤消，但之後的蒲甘王朝幾乎仍是元朝的傀儡。後來緬甸分裂，撣族和孟族分別在緬甸東部和南部建立勢力。1945年，緬甸抗日勝利，但戰後仍受英國控制，至1948年才正式脫離英國獨立。

中國和緬甸過去長期合作，關係良好。例如緬甸正在參與亞洲高速公路和泛亞鐵路的建設，雙方同時更建有輸送能力達2,000萬噸的天然氣管道，這將成為中國第四大能源進口通道，也為緬甸這個天然氣儲量排名世界第十的國家帶來龐大商機。

可是近年，隨著軍政府進行改革、美日介入，以及昂山素姬贏得執政權等局勢發展，中國和緬甸的傳統友好關係正面臨著挑戰。密松水壩停工事件、緬甸北部親中國的少數民族衝突等等，正表現出問題的複雜性。

⑤⑦ 泰國：佛教之國

首都：曼谷
國家面積：513,115 平方公里
人口：68,311,000人

泰國舊名暹羅，1949年5月11日，泰國人用自己民族的名稱，把「暹羅」改為「泰」，取其「自由」之意。泰國人口有九成以上是佛教徒。該國在上世紀九十年代開始經濟快速發展，躋身成為「亞洲四小虎」之一，但隨後在亞洲金融危機中受到重大挫折，陷入衰退和停滯。

2012年，中、泰兩國建立全面戰略合作夥伴關係，也是東盟成員國中第一個與中國建立戰略性合作關係的國家。在「一帶一路」規劃的背景下，泰國在地緣政治上位於東盟地區的核心地帶，是東盟的物流、貿易和金融中心，是東盟市場與中國之間的天然橋樑。因此也可以說泰國是中國通往東盟市場的門戶，泰國對於中國開拓東盟市場，加強跟東盟的經貿合作和聯繫有著極為重要的意義。

⑤⑧ 馬來西亞：通往伊斯蘭世界的樞紐

首都：吉隆坡
國家面積：329,847 平方公里
人口：31,163,000人

馬來西亞被南海分為兩個部分，其中一部分是位於馬來半島的西馬來西亞，北接泰國，南部隔著柔佛海峽，以新柔長堤和馬新第二通道連接新加坡；另一部分東馬來西亞，位於婆羅洲（加里曼丹島）的北部，南部接印尼的加里曼丹。

1957年8月31日，馬來亞聯合邦宣佈獨立，1963年聯同新加坡、沙巴及沙撈越組成馬來西亞聯邦。之後的1965年8月，新加坡退出馬來西亞聯邦。馬來西亞是一個多民族、多元文化的國家，憲法規定伊斯蘭教為國教。

馬來西亞是一個新興的多元化經濟國家，在上世紀九十年代突飛猛進，為「亞洲四小虎」之一。中、馬兩國之間有著悠久的歷史往來，早在公元前二世紀，就有中國商人前往馬來半島從事商業活動。1974年5月31日，中、馬兩國建交，馬來西亞成為東盟中第一個與中國建交的國家。

目前，中、馬經貿往來密切，2013年兩國提升為全面戰略夥伴關係，在亞投行以及「一帶一路」中均展開了深度合作。首先，中、馬兩國推動的「兩國兩園」計劃，即中、馬欽州產業園和馬、中關丹產業園，可以稱為是國際園區合作的新模式，也是中、馬兩國在「一帶一路」倡議中的主要開發項目。其次，馬來西亞作為世界上最大的伊斯蘭債券市場，也對「一帶一路」倡議在伊斯蘭世界的開展和延伸有著重要的意義。因此可以說，馬來西亞不僅僅是一般意義上「一帶一路」的重要支撐，更是通往伊斯蘭世界的樞紐。

(59) 老撾：內陸的萬象之國

首都：萬象
國家面積：236,800 平方公里
人口：7,105,200人

老撾是中南半島上唯一的內陸國家，歷史上曾是真臘王國的一部分，近代曾淪為法國殖民地，之後被日本佔領，至

二戰結束之後才成為一個獨立國家。據傳說，老撾以前曾經有大量的大象生活，因此也以「萬象之國」著稱。

老撾工業基礎薄弱，以農業為主，還有以木材加工、碾米為主的輕工業和以錫為主的採礦業。近年來經過宏觀調控，大力發展經濟，近十年來老撾的經濟發展速度都能夠保持在7%以上。

老撾既是中南半島唯一沒有出海口的國家，也意味著該國是中南半島的核心，區位優勢明顯。老撾以此提出由「陸鎖國」變為「陸聯國」的規劃，對「一帶一路」倡議表現出強烈興趣，除了希望能夠在發展過程中借鑒中國改革開放的經驗，更積極推動雙方的互聯互通。兩國於2015年12月正式動工興建「中老鐵路」，連接雲南昆明到萬象，預計2020年完成，使之成為中、老兩國乃至中國通向地區內各國的大動脈，更將是泛亞鐵路的重要組成部分，使老撾成為連接周邊國家的樞紐，改變過去「陸鎖國」的狀態。

⑥⓪ 柬埔寨：吳哥王國

首都：金邊
國家面積：181,035 平方公里
人口：15,902,000人

柬埔寨古時候被中國稱為「扶南」，地理上擁有東南亞最大的淡水湖——洞里薩湖（或稱金邊湖）。早於秦漢時期，柬埔寨已經開始與中原地區通商，兩國互相交流的歷史源遠流長。柬埔寨歷史上的吳哥王國非常輝煌，其留下的吳哥窟更是世界上最大的廟宇，為旅遊業發展打下基礎。

可惜由於常年的戰亂，柬埔寨是世界上最貧窮的國家之一。隨著柬埔寨近年政局趨向穩定，經濟才逐漸穩定下來。目前柬埔寨經濟的四大支柱包括旅遊業、製衣業、建築業和農業。

中國和柬埔寨的關係一直良好。尤其是近年來，兩國在經貿合作上更是日益深化。目前柬埔寨規劃了包括路橋、輕軌和鐵路在內的六大戰略規劃，以期抓住「一帶一路」倡議帶來的機遇，促進柬埔寨的發展，尤其對中國發起設立的「絲路基金」表示了強烈的興趣。至2015年底，中國企業為柬埔寨新建和改造公路20條，總長度已接近2,700公里，佔該國國道總里程的35%以上。

而在2014年，中國也在柬埔寨成立了首家在海外投資註冊的航空公司——巴戎航空，開通連接金邊、暹粒和西哈努克港三座柬埔寨最重要城市的航班服務，從側面反映「一帶一路」下中國對打造空運樞紐的重視。

⑥1 越南：第二個世界工廠

首都：河內
國家面積：331,689 平方公里
人口：92,658,000人

越南是一個以「京族」為主體的多民族社會主義國家，狹長的國土緊鄰南海，海岸線長約3,260公里。越南中部至北部的領土，千多年來斷斷續續曾是中國的一部分。儘管抗明戰爭後越南獨立建國，但歷代均為中國的藩屬，兩國之間的關係非常密切，交流源遠流長。十九世紀中葉後，越

南逐漸淪為法國殖民地。1945年「八月革命」以後，胡志明宣佈成立越南民主共和國，1976年全國統一，改名越南社會主義共和國。

討論中、越近代關係，不能不提及1961年的越戰和1979年的對越自衛反擊戰。越戰中，中國無償援助了越南大量的武器設備、軍事物資以及專業技術人員以對抗美國、菲律賓、泰國等聯軍的干涉。最終，越戰以美國承認越南民主共和國在國際上的法律地位，退出越南告終。越戰後，完成統一的越南卻開始在蘇聯的支持下挑釁中國，中、越關係開始惡化，中方不得不展開對越自衛反擊戰，雙邊關係陷入僵局。1986年後，越南實行革新開放，對外調整與中國及東盟鄰國的關係，隨後，中、越於1991年實現關係正常化。

近年，越南的經濟發展進入了新階段。2014年，越南的經濟增速為世界第二，低廉的土地和勞動力成本、極為年輕化的人口結構，是越南快速發展的基礎。目前，有大量的中國製造業向越南轉移，也成為了未來看好越南經濟發展的重要因素。越南較為開放的外貿政策、便利的海運條件，以及低廉的成本優勢，成為了勞動密集型產業和低端製造業的青睞之地，更被視為擁有成為未來世界工廠的潛力。

中、越之間的經貿合作在新世紀得到了長足的發展，自2004年起，中、越開始合作共建「兩廊一圈」，即「昆明－老街－河內－海防－廣寧」、「南寧－諒山－河內－海防－廣寧」經濟走廊和環北部灣經濟圈。而最近由中國主導的「一帶一路」倡議也為「兩廊一圈」規劃的發展提供了新的契機和更大的平台，使得原本區域性的兩廊一圈規劃成為兩國全球戰略的一部分。同時「一帶一路」倡議

中對於互聯互通和基礎設施建設的支持，尤其是中國基礎建設方面豐富的經驗、充沛的資金以及工程能力，能夠為越南完善自身的基礎設施建設提供幫助。

⑥² 新加坡：耀眼的東方明珠

首都：新加坡
國家面積：716.1 平方公里
人口：5,488,500人

新加坡有很多個稱呼，舊稱新嘉坡、星洲或星島，別稱「獅城」，是東南亞的一個島國。

新加坡於1965年退出馬來西亞聯邦後獨立，逐漸發展成為了東南亞地區乃至世界級別的貿易、航運和金融中心。新加坡是一個多元文化的移民國家，憑藉高速的經濟發展，被譽為「亞洲四小龍」之一，其被稱為「國家資本主義」的經濟模式也廣受關注。根據2014年的全球金融中心指數（GFCI）排名報告，新加坡是繼紐約、倫敦、香港之後的第四大國際金融中心。除了耀眼的經濟表現和廉潔高效的政府，新加坡還以整潔優美的環境著稱。風景優美，經濟發達，政府廉潔，法制健全，國際化程度極高的這個國度，使新加坡成為馬六甲海峽耀眼的東方明珠。

中、新兩國的經貿關係密切，兩國在蘇州、重慶、成都和天津等地共同打造的工業園，已成為國際合作的樣板。而且新加坡也積極發展其人民幣離岸市場，並著手進行自由貿易區的升級談判。新加坡正爭取自身在航運、貿易和金融方面的輻射能力，成為「一帶一路」的重要支撐和關鍵節點。

印尼：「海上絲路」的首倡之地

首都：雅加達
國家面積：1,904,569 平方公里
人口：257,740,000人

印尼是世界上著名的群島之國，由約17,508個島嶼組成，疆域橫跨亞洲及大洋洲，並由此得名「千島之國」。印尼人口眾多，儘管國土面積不大，卻是世界第四的人口大國。印尼在上世紀八十年代調整經濟和產業結構之後，經濟發展取得一定成就，在第一個25年長期建設計劃中，國民生產總值年均增長6%。1994年開始第二個25年長期建設計劃，更進入了經濟起飛階段。政府也進一步放寬投資限制，吸引外資，並採取措施大力扶持中小企業、發展旅遊、增加出口。1997年，印尼受東南亞金融危機重創，經濟大幅衰退，貨幣貶值，通脹高踞。為擺脫經濟困境，政府被迫向國際貨幣基金組織求援。1999年，經濟開始緩慢復蘇，但整改阻力較大，私企外債、銀行呆帳等問題難以解決。

憑藉在東盟地區中較為強大的經濟實力和人口數量，印尼在東南亞乃至穆斯林世界都有著廣泛的影響力。

2013年習近平主席在訪問印尼期間，首次提出建設「二十一世紀海上絲綢之路」的倡議。此戰略構想與印尼所提出的「海上高速公路」計劃高度契合，推動了雙邊關係的發展。同時，作為「海上絲路」的首倡之地，印尼自身的貿易和航運優勢也必將在「海上絲路」的發展過程中發揮重要作用，更是「一帶一路」發展起首階段的三個重心國家之一。

近年來，兩國的經貿合作逐步加深。截至2013年，印尼已連續三年成為中國在東南亞的第一大工程承包市場。2015年10

月，由中國鐵路總公司牽頭的中國企業聯合體與印尼國有建設公司（WIKA）牽頭的印尼國有企業聯合體，在印尼首都雅加達簽署了雅萬高鐵合資協定。

⑥④ 菲律賓：「一帶一路」上的考驗

首都：馬尼拉
國家面積：300,000 平方公里
人口：102,410,000人

菲律賓是位於東南亞的一個群島國家，跟中國的台灣隔海相望，南面與印尼隔海而鄰。菲律賓地處熱帶，坐落於環太平洋地震帶上，常常受到地震和颱風的侵襲，也造就了該國獨特的風景。長期以來，其熱帶風情和多樣的動植物資源吸引了大批遊客到訪。

除了生物多樣性，菲律賓國內也呈現出文化多元的特點。菲律賓群島的種族與文化為數眾多，除了原住民自身的文化之外，馬來文化、印度文化、中國文化和伊斯蘭文化，也都隨著人口的遷移和貿易來到了菲律賓。

菲律賓在第二次世界大戰後的五十至七十年代之間，與日本、緬甸同屬亞洲最富有國家之一；但貪污問題非常嚴重，經濟因此受到拖累，全國三分一人口處於貧窮線下，每日生活費不足一美元。但該國平均人口年齡僅23歲，人口紅利極高，2014年便獲得6.1%的經濟增長。

中國和菲律賓作為隔海相望的鄰國，一直以來很多交流。在菲律賓出土的大量來自中國不同年代的瓷器，見證了中、菲

兩國在歷史上的交往。同時華人在菲律賓的發展中也扮演著極為重要的角色，據統計，菲律賓的五百強公司中，華商約佔三分之一。

除了華僑這一方面的積極因素之外，中、菲雙方的合作還在於「一帶一路」和亞投行能夠為菲律賓改善基礎設施建設，提供前所未有的機遇。可是近年由於菲律賓無理主張其對於南海的主權，中、菲關係處於建交以來的冰點，菲律賓的民眾也對中國頗有異議。在「一帶一路」倡議建設的過程當中，主權外交和經貿摩擦是無法忽視也是不可避免的問題，如何在「一帶一路」的框架下，用和平發展的理念消弭這些衝突，是亟待研究的問題。

⑥⑤ 汶萊：東南亞的石油庫

首都：斯里巴加灣
國家面積：5,765 平方公里
人口：441,220人

汶萊達魯薩蘭國，又稱汶萊和平之國，一般簡稱為「汶萊」。汶萊盛產石油，經濟狀況很好，跟新加坡一起被視為東南亞的發達國家。

汶萊自古以來跟中國交往很多，受中國影響很大，目前華人也是汶萊第三大族群。明代永樂年間，浡泥王曾經親自率使臣來中國拜見明成祖，不幸病故，葬於南京，即今浡泥國王墓。

十三世紀後，汶萊受到伊斯蘭文化影響，目前是一個伊斯蘭

國家，首腦為汶萊蘇丹。石油產業是汶萊的支柱產業，油氣行業佔汶萊全國生產總值接近70%、政府稅收的90%、出口的96%。石油為汶萊帶來大量財富，使汶萊在短期內成為富裕國家。可是該國也意識到，石油資源總有耗盡的一天，因此汶萊政府十分大力推動產業多元化，任何到汶萊投資並符合資格的企業，均可以獲得八年免稅的優惠。

中國和汶萊關係很好，在「一帶一路」倡議下，汶萊著力加強跟廣西的經濟聯繫，特別是通過欽州港口進一步加強和中國的聯繫。雙方目前在漁業和農業上的合作項目很多，在水稻種植方面的成績尤為突出。

⑥⑥ 東帝汶：哭泣的小島

首都：帝力
國家面積：14,874 平方公里
人口：1,309,100人

東帝汶是位於小巽他群島東端的島國，包括帝汶島東部和西部北岸的歐庫西地區，以及附近的阿陶羅島和東端的雅庫島。這個國家是世界上最不發達的國家之一，造成此局面的主要原因是連綿不絕的戰亂。

直至近代，東帝汶一直是葡萄牙的殖民地，後來被印尼吞併。在這期間，東帝汶爭取民族獨立的鬥爭一直沒有停止過。1999年，在聯合國的監督下，東帝汶進行了全民公投，絕大多數東帝汶人投票決定從印尼獨立。這一結果招致印尼的軍事報復，其焦土作戰造成約1,400人喪生、30萬人成為難民，基礎設施包括住宅、灌溉、電力供水等幾乎被全被摧

毀，暴行直到多國維和部隊進駐東帝汶才告停止。東帝汶的亂局直至2008年，反對派頭目死後才逐步穩定。

東帝汶大部分物資靠外國援助，雖然正在嘗試進一步發展經濟，但是由於基礎過於薄弱，加上常年戰亂等的後遺症，復蘇之路舉步維艱。東帝汶的農業目前仍然大量採用刀耕火種方式，導致森林砍伐和水土流失，破壞當地生態環境。東帝汶近海的石油天然氣是該國的寶藏之一，目前這些資源被出口到澳大利亞，以補充東帝汶的收入。

「一帶一路」
形勢分佈圖

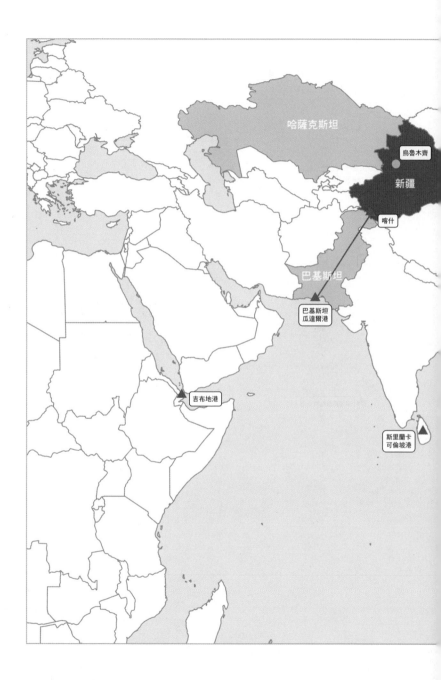

哈薩克斯坦

烏魯木齊

新疆

喀什

巴基斯坦

巴基斯坦
瓜達爾港

吉布地港

斯里蘭卡
可倫坡港

地圖（一）

絲路核心區域

● 絲綢之路經濟帶核心區
● 二十一世紀海上絲綢之路核心區
● 「一帶一路」起動階段的主要合作國家

中國在絲路上的主要海上和航空樞紐

▲ 海上港口樞紐
● 國際樞紐機場
■ 區域性航空樞紐
● 次區域性航空樞紐

瀋陽
北京
天津
西安
鄭州
上海
成都
重慶
武漢
福建
昆明
廣州
香港
緬甸皎漂港
東埔寨西哈努克港
印尼

185

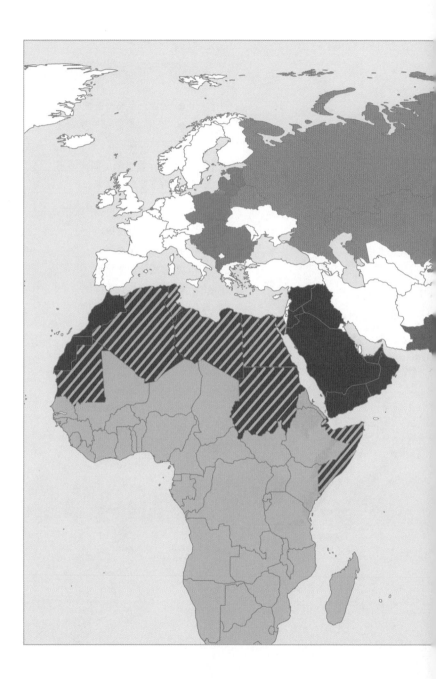

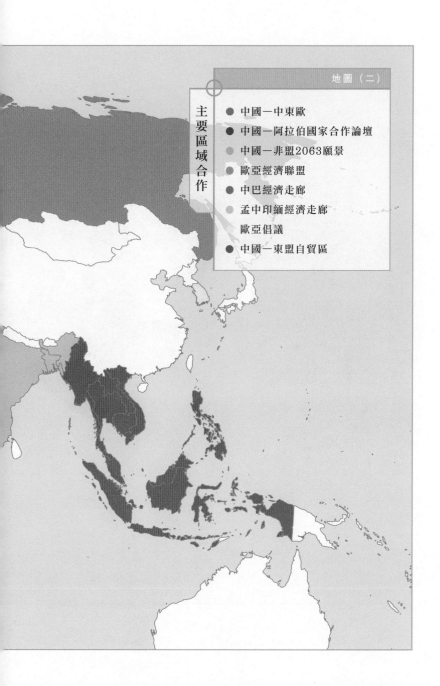

地圖（二）

主要區域合作

- ● 中國—中東歐
- ● 中國—阿拉伯國家合作論壇
- ● 中國—非盟2063願景
- ● 歐亞經濟聯盟
- ● 中巴經濟走廊
- ● 孟中印緬經濟走廊
- 歐亞倡議
- ● 中國—東盟自貿區

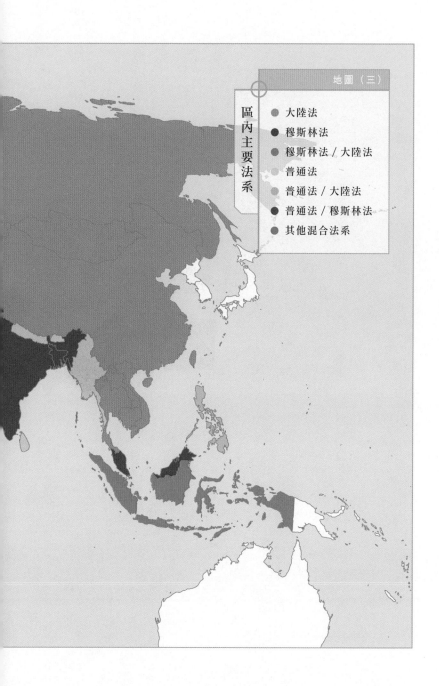

地圖〈三〉

區內主要法系

- 大陸法
- 穆斯林法
- 穆斯林法 / 大陸法
- 普通法
- 普通法 / 大陸法
- 普通法 / 穆斯林法
- 其他混合法系

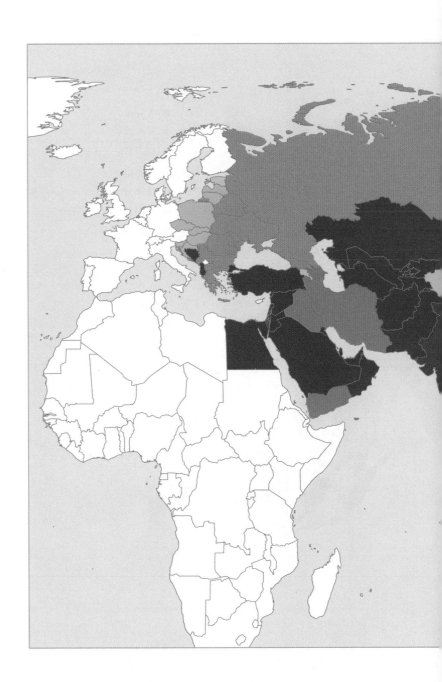

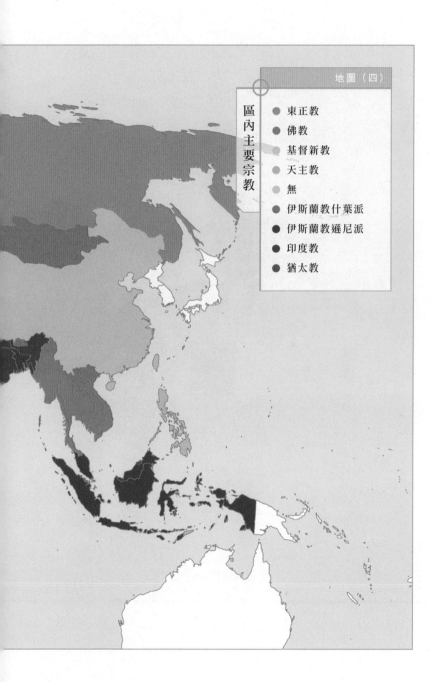

地圖（四）

區內主要宗教

- ● 東正教
- ● 佛教
- ● 基督新教
- ● 天主教
- ● 無
- ● 伊斯蘭教什葉派
- ● 伊斯蘭教遜尼派
- ● 印度教
- ● 猶太教

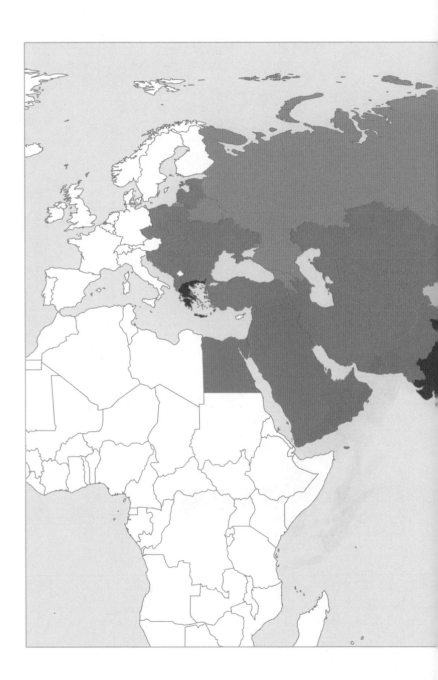

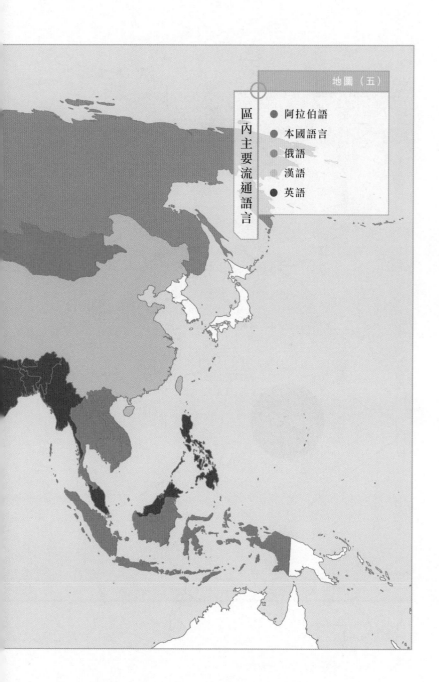

區內主要流通語言

地圖（五）

- 阿拉伯語
- 本國語言
- 俄語
- 漢語
- 英語

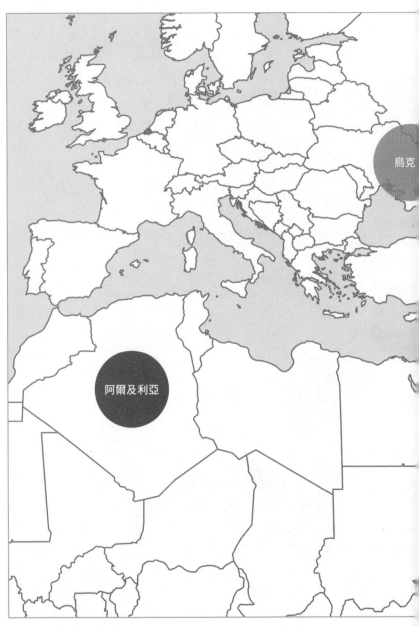

（本圖由作者及李振良先生共同完成）

地圖（六）

主要不穩定地區及恐怖主義地區

- 北約v.s俄羅斯
- 伊斯蘭馬格里布基地組織（AQIM）
- 伊斯蘭國（ISIS）
- 阿蓋達組織阿拉伯半島分支（AQAP）
- 東突厥斯坦伊斯蘭運動（ETIM）
- 阿蓋達基地組織
- 印巴邊境衝突

新疆以西

阿富汗

克什米爾地區

拉克、叙利亞地區

也門

後記

當社會正在熱烈討論「一帶一路」倡議之際，不少人可能會覺得這個課題不容易掌握，又或者集中從經濟的角度出發，所以往往未能明白箇中精髓，容易忽略了倡議對於構建未來世界的設想，以及其對現有國際秩序和規則的影響。

筆者有幸因工作關係，在倡議提出不久便一直關注這個問題，結合自身對發展學、非洲研究和國際關係的一點認識，嘗試從一個更立體的視角去看待倡議內容。

本書分為幾個主要部分，包括：（一）數十篇專題式介紹什麼是「一帶一路」倡議的短文，旨在讓大家方便理解；（二）現時比較積極回應參與倡議的沿線國家基本資料；以及（三）透過地圖，讓大家對整個「一帶一路」亞、歐、非區域的社會民生和制度狀況建立直觀感覺。期望讀者閱畢本書之後，能夠對「一帶一路」形成自己的看法和理解。

撰寫文章的工作主要獲益於一班朋友的幫助。從2015年中旬開始，我在《東方日報》的專欄連載發表「一帶一路」的文章；一直很感謝陳濱強先生之邀撰寫專欄，並得到施有朋、唐品莊和李家祺等同事長期對稿件的幫助。此外，我也十分有幸獲得商業電台的黃永先生邀請我一起製作「聲東擊西・一帶一路」，以及香港電台的鄭婉薇小姐邀請我一起製作「一帶一路一點通」。兩檔電台節目督促我認真學習，幫助我對整項倡議建立起更加深入和系統的看法。另外還想繼續感謝三聯書店堅守那份不只考慮盈利的出版熱誠，副總編輯李安小姐、本書編輯寧礎鋒先生、

設計師姚國豪先生，以及本書的第二作者袁曉航先生，對本書同樣付出了辛勤的努力，沒有他們，這本書便無從面世。此外還有上海國際問題研究院的于宏源博士，我倆在「一帶一路」課題的合作讓我獲益匪淺。最後一併感謝陳于斯小姐、陳嘉莉小姐、李振良先生、沈旭暉博士、韋東慶總監和吳忠博士，對設計題目、釐定方向、繪製地圖，以及工程和金融方面教授我專業知識和幫助。當然還有為本書撰寫序言的丁新豹教授、陳智遠先生和張燕生教授。

這是我第一次撰寫法律以外專著的嘗試，希望本書對大家有用、希望大家喜歡這本書。

我愛我的家人，感謝他們一直以來在我學術路上的支持。本書特別獻給永遠跟我們在一起的嫲嫲。

李浩然
2016年春，書於香港

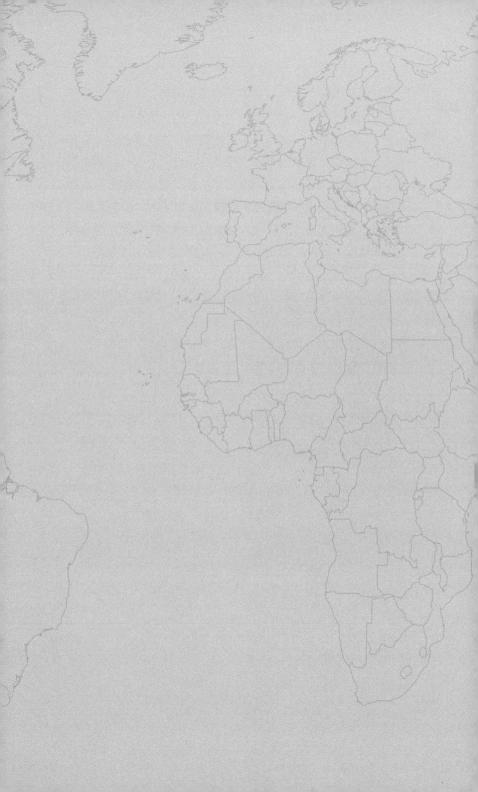

責任編輯	寧礎鋒
書籍設計	姚國豪

書　　名	從世界工廠到世界工程師
	—— 新角色下中國的「一帶一路」倡議
作　　者	李浩然
	袁曉航
出　　版	三聯書店（香港）有限公司
	香港北角英皇道四九九號北角工業大廈二十樓
	Joint Publishing (H.K.) Co., Ltd.
	20/F., North Point Industrial Building,
	499 King's Road, North Point, Hong Kong
香港發行	香港聯合書刊物流有限公司
	香港新界大埔汀麗路三十六號三字樓
印　　刷	美雅印刷製本有限公司
	香港九龍觀塘榮業街六號四樓 A 室
版　　次	二〇一六年三月香港第一版第一次印刷
規　　格	大三十二開（140mm × 210mm）二〇〇面
國際書號	ISBN 978-962-04-3893-6

三聯書店
http://jointpublishing.com

JPBooks.Plus
http://jpbooks.plus